Manuel du savoir-survivre en société

DU MÊME AUTEUR

Père di Falco, l'attaché de presse de Dieu, 1996, Éditions du Rocher.

Règlements de Comtes, 1998, Éditions du Rocher.

Charles de Castries

Manuel du savoir-survivre en société

Les conseils d'un méchant homme pour tirer votre épingle du jeu en toutes circonstances

ÉDITIONS DU
ROCHER
Jean-Paul Bertrand

ISBN 2 268 03379 1

À Son Altesse Impériale et Royale,
l'archiduchesse Isabelle d'Autriche-Este,
comtesse Andréa Czarnocky-Lucheschi.

À Bernard Charrin et à Jean-Élie Henry-Mamou,
qui m'ont toujours soutenu dans les épreuves !

INTRODUCTION

Pourquoi s'évertuer à composer un nouveau manuel de savoir-vivre alors que les rayonnages de nos librairies en regorgent ? Peut-être parce que, malgré leur nombre, les bonnes et belles manières ont tendance à se perdre, certainement parce que notre société a pris le parti de l'individualisme, du mépris d'autrui et qu'il faut se défendre. Avant d'entreprendre l'élaboration de ce précis rudimentaire, j'ai eu la curiosité de me pencher sur les ouvrages de ci-devant baronnes ou princesses. Elles semblent ne s'adresser qu'à une élite sociale et culturelle qui peut encore se permettre de perdre son temps en courbettes et en représentations superflues. Je n'aurai donc d'autre ambition que de rafraîchir certaines conventions et de rappeler quelques règles élémentaires de vie en société, afin que le plus grand nombre trouve ici les clés du bien vivre, de la réussite et de l'art de se jouer des casse-pieds.

N'oublions pas que depuis que la baronne Staffe, auteur fameux d'un best-seller qui ferait encore autorité, l'homme a marché sur la Lune et que les femmes peuvent se passer des mâles pour se reproduire. Ce qui était impardonnable hier ne l'est plus aujourd'hui et les prescriptions de la dite baronne sont souvent inapplicables, faute de temps et d'argent.

Doit-on faire un drame dès lors qu'un convive coupe sa salade avec son couteau ? Une jeune fille doit-elle être tancée si elle se fait graver des cartes de visite mentionnant son adresse et son numéro de téléphone ? Est-ce un crime de lèse-majesté si on ne sait pas s'adresser, comme il sied, à un roi ou une reine, comme si nous en rencontrions tous les jours ?

De ses conventions bourgeoises, contentons-nous d'en retenir les plus utiles, celles qui nous permettront d'être à l'aise partout dans la société. Dépoussiérons la Staffe et celle qui rentre chez elle chaque jour à 5 heures.

Il n'y a pas à proprement parler un savoir-vivre, mais *des* savoir-vivre. Il est bien entendu qu'un guerrier massaï, un berger descendu des hauts plateaux du Larzac, n'auront pas reçu la même éducation qu'un prince du sang ou un héritier Wendel. Il se peut, souvent d'ailleurs, que les premiers soient bien plus sympathiques que les seconds.

On aime définir le savoir-vivre comme un ensemble de règles visant à codifier le comportement des individus en société. Bacon qualifiait la politesse de vêtement de l'esprit. Avant tout, il se doit de révéler le respect que l'on porte à soi-même et qu'on porte à autrui. En somme, on peut affirmer que celui qui sait vivre regarde son prochain avec bienveillance et lui reconnaît une place dans son cœur. Ainsi, comme nous le verrons, il existe des conventions qui, au prime abord, paraissent surannées mais qui sont incontournables, car elles évitent les frictions et adoucissent les rapports humains.

Être bien élevé ne doit pas non plus être synonyme de faiblesse, signifier que vous êtes une victime née ou un parfait imbécile qui se laisse marcher sur les pieds sans piper mot. L'homme étant un loup pour l'homme, il faut savoir se défendre. Être bien élevé, oui ! Se comporter comme une poire ou un niais, non !

C'est pour cette raison que j'ai choisi de réaliser un manuel de savoir-survivre en société en envisageant des situations qui collent aux réalités de ce début de millénaire. Il faut apprendre à composer avec un monde qui ne sait plus vraiment ce qu'il est et où il va. Partant du postulat qu'on ne nous fera jamais de cadeau et que certains n'ont qu'une idée en tête, nous soumettre, il est temps de nous armer pour mieux affronter nos contemporains. Il y a un temps pour tout et des convenances à adopter en fonction des situations, des individus et de leur position sociale.

Avant de rentrer dans le vif du sujet, permettez-moi de confesser ici mes propres turpitudes. Si je me permets de donner ici quelques conseils en la matière, je suis loin d'être un exemple à suivre… Mais que celui qui n'a jamais péché me lance la première pierre !

Réjouissons-nous par ailleurs de la mauvaise éducation de certains dont les bons mots et le manque de charité manqueraient à nos soirées. Un monde parfaitement policé serait probablement redoutable comme l'antichambre de l'enfer.

Un conseil : ne prenez de ce petit manuel que ce qui vous convient. De cette manière, il vous aidera à rester vous-même.

1

NAÎTRE

Lorsque l'enfant paraît…

S'il y a un sujet qui indiffère l'homme que vous êtes, c'est bien celui de la maternité et de l'élevage des enfants. Ceci pour deux raisons majeures : la première est que vous êtes un homme, donc la grossesse ne vous concernera jamais, la seconde est que vous êtes un célibataire heureux et que vous avez la vie entière pour vous reproduire. Non ! En réalité votre préoccupation, aujourd'hui, est de tout mettre en œuvre pour ne pas avoir d'enfant. Elle est bien gentille votre dulcinée du moment, elle a toutes les vertus de la terre, mais vous n'êtes pas certain de vouloir faire votre vie avec elle, alors bien qu'elle vous assure prendre la pilule, vous demeurez méfiant au lit. Deux précautions valent mieux qu'une. Le coup du polichinelle dans le tiroir, on ne vous le fera pas.

Décidément, vous êtes très vieille France, pour ne pas dire un peu réac sur les bords. Pour vous, un enfant, ça ne se conçoit que dans le mariage. Vous avez beau ne porter aucun jugement de valeur sur vos amies mères célibataires, en pesant le pour et le contre, vous estimez qu'élever des enfants à deux, c'est plus facile, car on peut toujours se décharger sur l'autre en cas de problème. Pour le moment, vous êtes comme Napoléon. Après avoir jeté Joséphine, vous êtes en quête d'une Marie-Louise, pas trop bête, sortable, et qui ne fasse pas tâche sous le portrait de votre ancêtre maréchal de France. Il faut bien l'avouer, Dulcinée est parfaite pour la bagatelle mais quand, à table, elle mange son fromage avec son couteau, ça vous gêne pour ne pas dire que ça vous exaspère. C'est monstrueux de penser ainsi des femmes, mais soyons francs, combien d'hommes raisonnent de la sorte et n'osent le dire ?

Pour le moment vous n'êtes pas mûr pour être père, il n'y a pas le feu. Et puis il y a les grossesses de vos proches qui ne font que vous empoisonner l'existence. Ah oui ! La maternité des autres, vous en avez plein les oreilles, car vos amis ne comprennent absolument pas que vous soyez hermétique à leurs problèmes d'enfantements. Vous êtes comme la duchesse du Maine, vous préférez commencer mille enfants plutôt que d'en terminer un seul !

Pourtant votre statut d'homme libre fait de vous le confident malheureux de vos relations et amis qui vous prennent pour leur psychiatre. Vous allez en voir de toutes les couleurs et en entendre des vertes et des pas mûres.

Alors qu'un soir d'été, vous êtes tranquillement assis à la terrasse d'un café, vous rêvassez devant une bonne pinte de bière – c'est l'*happy hour*, on aurait tort de s'en priver. Vous observez les passants avec attention et cet examen vous confirme que vous n'êtes pas prêt à assumer une paternité. Non ! Vous ne vous imaginez pas dans la peau de ce jeune père qui vient de passer, ou plutôt, de glisser devant vous, en bermuda avec des patins dernier cri. Vous être pris de pitié en le voyant pousser un curieux véhicule transportant un nourrisson, les commissions pour le dîner familial et tout un ensemble de sacs divers contenant couches, biberons et autres ustensiles indispensables pour subvenir aux besoins d'un nouveau-né. Ce patineur du dimanche est bien entendu suivi de la mère et de deux autres enfants, tous montés sur roulettes. Un peu plus tard, c'est à un groupe de marsupiaux que vous êtes confronté. L'homme porte sur son ventre un sac où vagit un bébé, visiblement mal à l'aise. Pour vous, c'est un non-sens de le voir ainsi transporter le fruit de ses amours, car il est bien connu que chez les kangourous, c'est la femelle qui possède une poche ventrale.

Perdu dans vos rêveries, la sonnerie d'un portable vous ramène à la réalité. Oui c'est bien le vôtre, pas celui du voisin !

– Allô ? Charles, c'est toi ?

– Oui ! Mais c'est qui ?

– C'est moi !

– C'est qui moi ?

– Ben moi, Louise !

– Ah ! Louise, comment vas-tu ? Alors ce voyage de noces chez les Papous, c'était bien ? Vous vous êtes bien amusés ?

– Tu penses ! Il faut que je t'annonce une grande nouvelle.

– Raconte ! Tu divorces ?

– Non, pas encore, mais je suis enceinte !

– Pas possible, déjà! Et de qui ?

– D'Albert, idiot ! Toi et tes réflexions imbéciles ! Ça va faire un mois et demi, n'est-ce pas formidable ?

– Tu sais, je ne voudrais pas être rabat-joie, mais en général, on attend le troisième mois avant de lancer *urbi et orbi* qu'on attend un enfant. Histoire d'être certain qu'il est bien accroché. Bon, en supposant que tout ira bien, il est prévu pour mars si je compte bien ?

– Oui et tout est déjà programmé, on a réservé une place à Sainte-Félicité ! Tu connais ?

– Si je connais ! Vous allez toutes à Sainte-Félicité, une clinique privée. Je ne sais pas pourquoi, d'ailleurs, parce que Saint-Vincent-de-Paul est la meilleure maternité de Paris et est prise en charge à 100 % par la Sécu.

– Mais Charles, tu n'es pas heureux pour nous ?

– Si, si, tu féliciteras Albert pour cette prouesse, mais je dois te quitter, ma batterie donne des signes de faiblesse. Bon allez, au revoir et à bientôt.

Vous avez réussi à mettre un terme à cette conversation stérile. De l'avantage du portable qui connaît des défaillances et vous sauve des raseurs. Le coup de la panne, c'est parfait !

Des amis qui voient le cercle de leur famille s'agrandir, cela ne vous trouble aucunement et vous laisse de marbre, mais il y a ceux qui traînent à mettre en route un petit. C'est bien triste pour eux, certes, mais ce n'est pas votre affaire. Ils s'obstinent pourtant à vous expliquer pourquoi ils sont stériles et comment ils ont mis en route une procédure de procréation *in vitro*.

– Tu comprends, Luc n'a pas de spermatozoïdes assez vigoureux, alors ils meurent en cours de route avant d'arriver à l'ovule.

– Pauvres bêtes ! (Tout de même, elle est gonflée de vous sortir cela devant son jules qui ne pipe mot et qui semble trouver normal que sa femme me parle devant lui de ses problèmes de testicules !).

Elle ne vous épargne aucun détail. Ses ovules à elle, dans un flacon, lui dans une pièce, *Play Boy* dans une main et l'autre main travaillant à remplir un autre flacon, et la dizaine d'embryons qui attendent religieusement qu'on vienne les placer dans son utérus. C'est la totale !

Et puis un soir, lors d'un dîner chez eux, vos amis vous annoncent qu'ils vont enfin être parents. Au bout de la troisième tentative, trois des cinq embryons ont pris racine, tout se passe pour le mieux dans le meilleur des mondes. Oui mais trois d'un coup, cela ne va pas être facile à gérer !

À l'heure du café, la future mère s'approche de vous. Émue comme une première communiante, elle vous propose de voir les photos des enfants.

– Les photos des enfants ? Quoi ! Ils sont déjà nés ? De nos jours, il faut s'attendre à tout !

– Il s'agit des échographies.

Vous n'y trouvez aucun intérêt, mais ils ont l'air tellement fier et heureux devant les fameuses échographies qu'il ne faut pas les contrarier. Vous restez dubitatif devant ces clichés surréalistes et vous cherchez vainement les enfants.

– Voilà le premier ? C'est la tache blanche !

– Non, Charles, c'est ma vessie !

– Ce n'est pas ça ? La tache blanche ?

– Non, non ! Ce sont les trois petits haricots, là !

Il fallait le savoir !

Pour une femme, la pire des angoisses, c'est de ne pas avoir d'enfants. Pour les hommes, c'est d'en avoir. Alors ils viennent se confier à vous pour vous soutirer quelques conseils, à vous l'éternel célibataire. Pour l'un, c'est une catastrophe financière. On le comprend, c'est le sixième. Pour le calmer, vous lui rappelez la demi-part fiscale qu'il gagne, mais surtout vous lui suggérez une discrète vasectomie. Pour un autre, c'est l'idée de devoir partager les soins de l'enfant. On lui conseille de pousser sa femme à allaiter. La nuit, il aura la paix, car il n'a pas de lait jusqu'à plus ample informé. Pour les couches, même tactique, feindre une ou deux fois une nausée devant les fesses souillées de l'enfant, voire un évanouissement. L'épouse exaspérée prendra, de guerre lasse, l'enfant totalement en charge.

À mesure que leurs femmes prennent de l'ampleur, la nervosité de vos amis croît d'autant. Viens enfin le terme, c'est généralement la nouvelle mère qui vous préviendra, rarement le père qui aura peine à supporter l'accouchement de sa femme, surtout s'il a été assez masochiste pour assister à la délivrance.

– Salut Charles, c'est Margot.

– Alors ? C'est fait ?

– Oui ! Il y trois heures, comme une lettre à la poste. Une toute petite épisio de rien du tout, pas de césarienne, je pète le feu !

– C'est quoi au fait, un garçon ou une fille ?

– Un mâle et ça se voit. Il est bien le digne fils de son père ! Mais alors tu l'aurais vu à la sortie, il était moche comme tout ! Maintenant il est potable. Il paraît qu'il me ressemble ! Tu te rends compte, c'est la belle-mère qui le dit. En toute honnêteté, je trouve qu'un nouveau-né ressemble à un singe.

– Bon, tu veux que je vienne te voir ?

– Ne me prends pas pour une imbécile. Je sais que tu n'as aucune envie de venir et que les enfants des autres, tu t'en fiches. De toute façon, si je t'avais dit oui, tu m'aurais fait le coup de la grippe. Tiens, au fait, tu te souviens d'Isabelle, la femme de Louis ? Figure-toi qu'elle a aussi accouché ce matin en même temps que moi. Tu l'aurais vue tout à l'heure, verte comme une pomme, elle venait de subir sa quatrième césarienne. Ce ne sont plus des cicatrices qu'elle a, c'est une fermeture éclair.

– Arrête, tu es pire que moi.

– Je ne suis pas méchante, c'est elle qui est trop cruche. Et puis je suis ravie, c'est une garce qui m'avait piqué mon ex. Ça lui fera les pieds. En plus, elle n'est même pas fichue de faire des enfants sans rester couchée neuf mois pour qu'ils restent accrochés. Bon, je te quitte, il faut que je nourrisse la bête !

Parfois l'enfant peut tarder à venir au monde, ce qui angoisse les pères et leur fait dire des choses dont ils ne soupçonnent pas la portée, c'est le cas de le dire.

Un beau dimanche de printemps, vous croisez à la sortie de la messe un cousin qui est en passe de connaître les joies de la paternité.

– Salut cousin, alors c'est fait ?

– Ne m'en parle pas, il y a plus d'une semaine que l'enfant tarde à pointer le bout de son nez.

– Ou le bout d'autre chose !

– Ne plaisante pas, on est très inquiet. Aucune contraction.

– Je vais te donner un truc pour activer les contractions : fais la monter à pied au troisième étage de la tour Eiffel, effets garantis.

– Ne fais pas l'idiot Charles ! C'est vraiment angoissant ! Et puis tiens-toi bien, le médecin accoucheur m'a dit que si je couchais avec ma femme, les contractions pourraient s'enclencher.

– Eh bien c'est parfait ! Rentre vite chez toi et au travail !

– Comment veux-tu que je couche avec elle, avec le ventre qu'elle a ?

– Tu ne peux pas coucher avec ta femme à cause de son ventre et ça fait six ans que vous êtes mariés ?

– Oui et alors ?

– Mon pauvre ami, je crois savoir quoi t'offrir à Noël : le Kama-Sutra !

Il n'y a pas que le téléphone arabe pour s'informer des mises bas des grands de ce monde. Il y a *Le Figaro* et dans une moindre mesure *Le Monde* et *Libé*. Comme vous vous faites un point d'honneur à connaître les faits et gestes de vos amis et relations, le samedi matin, vous vous précipitez chez votre marchand de journaux pour être un des premiers à acheter *L'Aurore*. Oui ! *L'Aurore,* et pas *Le Figaro,* parce que *L'Aurore* est la version light du *Figaro,* et que vous n'avez pas besoin de vous coltiner tous les suppléments hebdomadaires de ce quotidien. Vous avez le carnet du jour, et c'est bien suffisant.

Il est 8 heures et vous vous dirigez vers le café le plus proche pour vous étaler sur deux tables et lire votre canard. J'ai bien dit *deux* tables, car son format est bien trop grand et demande un effort surhumain pour une lecture à pleins bras.

Le café, le verre d'eau et le croissant sont là ? On peut attaquer ! Rapide coup d'œil sur la première page. RAS, de toute façon, vous avez déjà entendu la revue de presse à 7 heures sur France-Inter. Poutine s'énerve contre les Tchétchènes. Il passe sa vie à ça. Encore une famine en

Éthiopie ! Au fait, le frigo est vide, il faudra faire des courses. On passe. Page politique. Les différents courants de la droite se bouffent encore le nez. S'ils comptent sur ma voix, ils se fourrent le doigt dans l'œil. Sport ! On ne s'y attarde surtout pas. Ah ! Enfin, on y est, le carnet mondain, c'est parti pour un tour. On va s'offrir un florilège de stupidité et une petite séance de méchanceté pour soi tout seul en bon égoïste.

On commence. Rubrique « naissances ».

« Le comte de C… a l'immense plaisir de vous faire part de la naissance de son premier héritier, le comte Maxence de C… La mère et l'enfant se portent bien. » Ce n'est pas croyable de dépenser des centaines de francs pour composer une annonce aussi stupide. Il faut dire que le géniteur est aussi fat que cette prose.

Passons à la suivante : « Marie Dupont et Georges Durant vous font part de la naissance d'Hector. » Oh ! Mais on dirait qu'ils vivent maritalement, dans le péché ? C'est pas bien, ça !

Une autre : « Monsieur et madame (née de Machin Chose) Ben Mohamed vous annoncent la naissance d'Ali. » Là, on aimerait voir la tête de la belle-mère, raciste comme elle est. Elle a dû ravaler son dentier, elle si fière de son pedigree, d'avoir un petit-fils prénommé Ali ! On se marre !

Encore une pour le plaisir : « Jeanne et Louis Dupont laissent à Benjamin, Laura, Alphonse, la grande joie d'annoncer l'arrivée au monde de Bertrand. » Quelle hypocrisie ! La grande joie ! Je voudrais bien voir la mine que ses enfants feront lorsqu'ils hériteront de leurs parents. Ils penseront que le cher Bertrand, en arrivant sur terre, a diminué d'une façon conséquente la part du butin que tout enfant est en droit d'escompter lorsque ses parents passent l'arme à gauche.

Vous avez tout fait pour ne pas vous taper la visite à la clinique privée non conventionnée où vos amies ont accouché. Il vous faudra bien un jour admirer les fruits de ces amours conjugales. Le plus tard possible... Ne vous inquiétez pas, d'autres relations s'arrangeront pour organiser malgré vous une rencontre au sommet.

On vous convie un jour à un petit cocktail *a priori* classique. Un cinq à sept, un samedi soir. Parfait, ensuite on pourra sortir entre célibataires et aller s'enfiler quelques pintes de bière à Saint-Germain-des-Prés. Vous arrivez vers huit heures moins le quart. Évidemment vous êtes le premier. En attendant, vous grignotez quelques carottes et légumes variés qui font figure de piètres zakouski sur un buffet où trônent des bouteilles de Coca et du whisky de chez Ed. Les temps sont durs, convenons-en, mais tout de même. Voici d'autres arrivants. Il est 8 h 30. S'ils sont en retard, c'est qu'ils ont pris soin d'avaler d'autres choses avant de venir. Ce sont des sages !

D'un seul coup c'est l'affluence, pire qu'au métro Saint-Lazare à 10 heures du soir ou encore au Sentier un matin. On assiste à un véritable déménagement. Les heureux parents arrivent enfin avec leur progéniture et toute la quincaillerie que le soin d'un enfant demande. Le couffin avec la bête dedans, puis un ou deux énormes sacs contenant les couches, les crèmes pour les fesses de bébé, le talc, le biberon, les pots de bouillie aux légumes variés, le doudou, les ours en peluche, le tapis d'éveil et un hochet. Avant de saluer les invités, les parents sont promptement conduits dans une chambre au fond de l'appartement, qui ce soir est transformée en crèche de fortune. Au total s'y retrouveront plusieurs nourrissons braillards. Plus question de nurse, même quand on travaille comme cadre à la BNP, et même plus de baby-sitter. On rogne sur tout.

C'est un ballet incessant entre la cuisine et la nursery. Biberons distribués, les mères sont enfin prêtes pour profiter du cocktail. Elles rejoindront dans la pièce principale les pères et les autres invités. Un heureux géniteur vient vous saluer.

– Alors, Charles, comment vas-tu ? Tu sais…

– Oui, je sais. Je te félicite.

– Tu n'as pas encore vu mon fils ?

– Non ! Mais tu sais, moi, les enfants…

– Attends, Isabelle arrive avec Jacques dans ses bras, il faut que tu le voies, c'est le plus beau bébé du monde.

Encore un ami victime du syndrome de la connerie des nouveaux pères. Isabelle arrive et vous présente le petit Jacques en question. Vous jetez un vague coup d'œil sur l'enfant, regard furtif, et vous lancez une phrase toute faite du genre :

– Il est ravissant.

– N'est-ce pas qu'il est superbe !

Au second coup d'œil vous découvrez que ledit enfant a une curieuse bobine. Son nez est complètement écrasé, comme la truffe d'un bouledogue, il louche, ses oreilles sont décollées comme celles d'un jeune babouin et sa bouche est pincée à l'instar d'une rombière de Passy. Cet enfant est un monstre, votre amie Sibylle l'avait bien dit.

« Tant pis pour le mauvais jeu de mots, ils n'avaient pas à m'emmerder », vous dites-vous.

– Vous savez, moi je ne le trouve pas si beau que ça ! Mais dites-moi, il est encore sous garantie ? Vous pourriez peut-être l'échanger ?

N'attendant pas la réaction des parents, vous les saluez rapidement et filez rejoindre sur le canapé une bonne amie avec son mouflet. Elle, du moins, elle est drôle.

– Non, Charles, tu as vu le Jacquot ? Vraiment moche ! Tu me diras, le mien n'est pas mieux, mais moi je n'en fais pas la huitième merveille du monde. Tiens, pendant que tu es là, prends-le moi ! J'ai envie d'une clope et avec le petit sur les genoux, c'est pas pratique.

– Tu n'as pas peur que je le casse !

– Mais non, c'est pas une porcelaine de Saxe. J'en étais où ? Ah oui, tu sais, ce con de Mathieu, depuis qu'il est père, il est tellement remué que ses cheveux tombent.

– Il n'a qu'à en faire un autre, ses cheveux repousseront peut-être. Dis-moi, il sent bizarre ton fils ?

– T'inquiète pas pour ton complet Dior, il est propre, et puis les nouvelles couches, c'est aussi bien que les serviettes hygiéniques, ça absorbe le liquide et les odeurs.

– C'est fou comme la science progresse !

– C'est fou comme les fesses d'un enfant coûtent cher tu veux dire, trois cents francs par mois !

– Tant que ça ? Et pourquoi ?

Bien que vous soyez résolu à ne pas vous embarrasser de la question des enfants, vous y êtes parfois obligé. C'est ainsi que vous apprendrez que certains de vos amis sont bien dignes de l'être, car ils ont l'esprit aussi tordu que vous. Tel celui-ci qui vous explique qu'il ne comprend pas pourquoi, lors de la naissance de son fils, sa femme fut couverte de cadeaux, alors que lui ne recevait même pas un compliment. Après tout, il y était pour quelque chose !

Plus pratique, une amie dévoile ses combines pour habiller son gosse à moindres frais. Elle fait de la récupération de fonds de tiroir. La mode pour nourrisson, elle s'en fout. Pour elle, rien ne vaut les layettes des précédentes couches de ses sœurs, voire celles qui lui servirent lors de sa propre naissance. Il paraît que Christian Dior vient d'ouvrir une boutique de prêt-à-porter pour bébés. Haussant les épaules, elle s'exclame : « Offrir un bavoir de Dior à ma fille serait aussi stupide que d'offrir un manteau de Nina Ricci à mon Teckel ». Bien dit ! La sagesse l'habite !

Votre statut de célibataire fait de vous une proie de choix pour les parents en quête de parrain pour leur tout-petit. Depuis le temps que vous êtes seul et puisqu'on ne vous voit jamais avec femme, c'est dit que vous êtes homo, soit résolu à ne jamais vous marier, donc à ne pas avoir d'héritier. Connaissant les travers de l'humanité, vous ne vous faites aucune illusion lorsqu'un couple d'amis veut vous imposer un filleul. Vous les voyez venir de loin : vieux et croulant, vous coucherez leur enfant sur votre testament. Vous n'hésitez pas à les décevoir ! Votre filleul n'aura droit qu'à votre affection gratuite et quelques cadeaux aux fêtes, un point c'est tout. Tout ira à la lutte contre le phylloxera qui ravage les vignobles du Beaujolais. Ça, c'est une grande cause humanitaire ! Et puis après tout, à trente-cinq ans vous avez la vie devant vous.

Comme vous êtes bon et généreux, vous acceptez d'être le parrain d'une seule petite fille, histoire de ne pas paraître trop grincheux. Vous ferez semblant de prendre votre tâche à cœur, car on ne peut pas systématiquement décliner ce genre d'offre qui est censé être une marque d'affection. Bref, vous avez été eu ! Vous voilà parrain, ce qui est bien plus lourd de conséquences que vous ne pouviez l'imaginer. Ce n'est pas que vous soyez radin, mais vous n'aviez pas pensé aux à-côtés que cela suppose. La chère petite a le droit d'avoir un témoignage du jour mémorable de son baptême, surtout qu'elle n'en aura jamais aucun souvenir. La tradition veut qu'on offre une médaille qu'elle gardera jusqu'à la fin de ses jours et avec laquelle on risquera de l'enterrer. Donc, pas de médaille. Optons pour la timbale en argent, inutile mais qui pourra servir plus tard de présentoir à cigarettes. Vous partez en quête de timbale et vous vous retrouvez chez Odiot ou Christofle pour vous enquérir du prix d'un tel objet. Trois mille cinq cents francs pour un bas de gamme en métal argenté, mazette ! Vous ne pensiez pas que c'était si cher. Réflexion faite, la médaille avait du bon. Finalement, vous vous souvenez d'un vieil antiquaire du Marais spécialisé en orfèvrerie ancienne et vous vous y rendez en catimini. C'est la grotte d'Ali Baba. Vous dénichez une superbe timbale Napoléon III en argent massif pour la somme modique de quinze cents francs (marchandant et payant en liquide).

Vous vous croyez quitte pour le nourrisson, mais vous avez oublié les dragées. C'est une tradition stupide qui veut qu'on offre des dragées, allez savoir pourquoi ! Direction Martial, le roi de la Dragée depuis Hugues Capet. Pire que chez Odiot, les prix sont indécents. Il faut trouver une solution pour que les invités ne sortent pas du baptême avec trois dragées qui vous feront passer pour un rat. Il faut savoir être grand, même quand on ne roule pas sur l'or. Il doit y avoir une solution pour les acheter en gros. Opération « Pages jaunes ». Confiseurs, grossistes... Vous cherchez et tombez sur un petit commerçant qui est aussi dans le Marais. Maison Ben Aich, circoncision, bar-mitsva et mariage, prix de gros. C'est exactement ce qu'il vous faut, surtout que pour le prix d'un kilo de dragées chez Martial vous en avez cinq chez Ben Aich. Personne ne saura d'où elles viennent !

Le jour du baptême arrive et, comme de bien entendu, vous retrouvez vos amis dans leur paroisse au fin fond de Clichy, entre une épicerie algérienne et le Franprix du coin.

Les parents sont là qui vous attendent avec votre filleul dans sa ravissante robe de baptême mitée, puisqu'ils la conservent depuis la Restauration. Il est temps de donner ladite timbale à l'enfant. Les géniteurs la trouvent superbe. À vous d'expliquer qu'elle vous vient de votre arrière-grand-tante qui fut la marraine d'un grand duc de Toscane, ce qui donnera d'autant plus de valeur à votre cadeau. Le père prend l'objet et le tourne dans tous les sens pour y dénicher le poinçon. « Il y est, c'est la tête de vieillard, tu vois que je ne me fous pas de ma filleule, c'est de l'argent que ta femme devra astiquer tous les mois ! »

La cérémonie va commencer. Que faut-il faire ? Rien, mais on vous fourgue l'enfant un moment. Vous vous sentez obligé de lui parler en lui faisant des guili-guili et des areu areu avec un sourire de papa gâteau.

Une vieille dame très digne vient vers vous, c'est l'arrière-arrière-grand-mère de la future chrétienne.

– Vous êtes donc le futur parrain de mon arrière-arrière-petite-fille ?

– Oui madame !

– Vous savez combien j'ai d'arrière-petits-enfants et d'arrière-arrière-petits-enfants ?

– Non madame. (Et je m'en fous !)

– Vingt-cinq arrière et quatre arrière-arrière. Il ne restera pas grand-chose quand je casserai ma pipe ! (C'est une marrante.) Au fait, c'est la fille de qui ?

– De Bénédicte et François, madame.

– Comment, Bénédicte s'est mariée ? Je ne m'en souvenais plus !

Une autre dame vient vers vous. C'est la grand-mère qui tient à vous faire des frais.

– Ah, mon cher Charles ! C'est gentil d'être venu.

– Mais madame, je n’avais pas le choix, je suis le parrain !

– Ce que vous êtes drôle mon petit Charles ! Regardez comme elle est mignonne ma petite-fille !

– Tenez, je vous la passe !

– Je trouve qu’elle vous ressemble un peu !

– Quoi ? Elle me ressemble ? Je vous promets que je n’y suis pour rien !

Le curé arrive. Bon, on fait quoi maintenant ? Le parrain et la marraine restent ensemble et sont priés de ne rien faire. Étrange. Autrefois, c’était aux parrains et aux marraines de conduire l’enfant sur les fonds baptismaux, aujourd’hui c’est aux parents de le faire. En fait, vous faites partie du décor, un point c’est tout.

Trois mille francs de frais incompressibles pour faire de la figuration, ça ne vaut pas le coup !

2

FIANÇAILLES ET MARIAGES

Vous appartenez à une illustre dynastie ? (Même si ce n'est pas le cas, lisez : vous trouverez dans ce qui suit pas mal de similitudes avec votre situation personnelle. Transposez.)

C'est fou ce que vous pouvez être vieux jeu, pour ne pas dire vieille France. Selon vous, ou plutôt vos vieilles tantes toutes nées entre 1885 et 1914, les fiançailles sont une période idyllique où deux jeunes tourtereaux apprennent à se connaître en tout bien tout honneur avant le grand saut. Le problème est que votre famille n'est plus aussi bien établie qu'autrefois et qu'un patronyme ne suffira pas à faire de vous un époux correct. Le compte en banque fait le parti.

Donc ce que la baronne Staffe nous raconte dans son fameux manuel est parfaitement obsolète. Plus de gants beurre frais pour demander au futur beau-père la main de sa fille. Maintenant, on met les parents devant le fait accompli. C'est en général au cours d'un dîner de famille que la jeune fille annoncera à ses parents qu'elle convolera en justes noces quel que soit l'avis de ses géniteurs. Entre fromage et dessert, alors qu'elle se sert une copieuse tranche de saint-nectaire, elle lancera à l'assemblée une phrase du genre : « Au fait, Mouloud et moi on se marie en septembre. » Tant pis si la grand-mère manque de suffoquer à cette annonce. Ce sera comme ça et pas autrement. Comme la petite n'est pas cruelle, elle ajoutera : « T'inquiète Mamie, c'est le petit-fils d'un ministre de Mohammed VI .» Ça aidera la pilule à passer.

Comme on divorce de plus en plus, on doit mettre toutes les chances de son côté, s'assurer de son choix en testant l'animal. Pour cela, il convient de prendre son temps. Une batterie de tests aidera au choix ultime d'un compagnon de vie.

À vingt-cinq ans, un garçon et une fille ont eu le temps d'acquérir une certaine expérience des choses de la vie. Ils savent à quoi s'en tenir sur les plaisirs de la chair. Les femmes sont plus sévères sur la chose. Elles portent une grande attention aux voluptés qu'un homme leur procure. Si vous saviez, messieurs, comme elles nous jugent, vous en rougiriez de la tête aux pieds.

– Ce mec ? Un nul, un mou. T'as pas le temps de le voir venir que c'est déjà fini !

– Tu devrais voir ça, mais alors c'est inouï, comme ça on dirait pas, mais c'est une loupe, que dis-je, un microscope qu'il te faut pour voir son outil.

– Attends, ce mec, en plus d'être mal foutu, dès qu'il a fait son affaire il se rue au frigo pour bouffer, et toi dans l'histoire tu restes comme deux ronds de flan en attendant que monsieur finisse son sandwich et te quitte en te disant « à la prochaine ! ».

– Roger ? Je me demande s'il n'en serait pas un peu. J'avais sorti le grand jeu, la lingerie des grandes occases, tout le matos et puis rien, ou si peu, une misère, à pleurer.

Il n'y a pas que les prouesses sexuelles que ces demoiselles passent au crible, il y a aussi nos petits travers qui risquent de les exaspérer. De tous les reproches dont elles vous accablent, la mesquinerie et la radinerie sont le plus souvent mises en avant. Surtout, si vous vous faites inviter au restaurant par votre amie, ne récupérez pas l'addition pour vos notes de frais, ce serait fatal. Pensez à bien rincer la baignoire et le lavabo, car elles vouent une haine farouche à vos poils qui traînent partout. N'attendez pas d'elles qu'elles vous mitonnent de bons petits plats et encore moins qu'elles repassent vos caleçons. Elles ne sont pas votre mère !

Un jour, forcées de constater que les hommes ne sont pas parfaits, elles jetteront leur dévolu sur un homme plus dégourdi que la moyenne, qui trouvera grâce à leurs yeux.

– La perle, je ne te dis que ça. Au lit, c'est le pied, mais en plus, tiens-toi bien, il adore faire la cuisine, il fait les courses, la lessive et il repasse, oui ! Tu as entendu, il repasse ! Un type comme ça, on ne passe pas à côté. En plus, et surtout, il est à 600 kF par an. Bon, c'est pas un Adonis, mais un tiens vaux mieux que deux tu l'auras !

Puisque au lit c'est bon, à la salle de bains ça roule, et dans le frigo c'est la paix des ménages, pourquoi ne pas régulariser ? Il est temps de vous fiancer. C'est à un marathon infernal que les jeunes gens devront se soumettre. On présentera le ou la futur(e) aux parties adverses tout en se blindant contre les réflexions des aïeules auxquelles on ne saurait échapper.

– C'est quoi ces Duchemin, d'où sortent-ils ?

– Quoi, sa mère est juive ? Mais tu n'y penses pas, mon chéri ! Hein ? Sa mère est née Rothschild ? C'est vrai que la vieille tante Eugénie était une Singer, de toute façon tu te maries à l'église, alors c'est bon…

– Attends ! Je prends le Bottin ! Pas mal ! Une tante d'Harcourt, un oncle à l'Académie et un père sénateur. Je te félicite de ton choix ! Au fait, tu l'aimes ?

Plus sévère encore que la famille, vos amis ne vous épargneront pas non plus.

– Quoi, tu épouses ce type ? Je ne sais pas si tu es au courant, mais il vit avec Robert depuis sept ans, ton jules !

– C'est une chance inouïe pour Virginie, sainte Rita l'a exaucée, les miracles existent. J'ai retrouvé la foi en apprenant qu'elle avait trouvé chaussure à son pied.

– Tu crois qu'il est encore vierge à quarante ans ?

Il y a aussi les cyniques qui annonceront eux-mêmes qu'ils vont s'engager.

– Tiens, mon vieil André, je t'annonce que je me fiance !

– Génial ! Avec Ursula ?

– Tu rêves ! Avec Laure de La Tour, la fille des Guanos chiliens. Ursula c'est pour le plaisir, Laure pour les affaires. D'ailleurs, il va falloir que j'apprenne à ménager la chèvre et le chou !

Parfois, l'annonce peut être beaucoup plus cocasse.

On campe la scène : un matin de juin dans l'enclos Hermès à Chantilly, pour le prix de Diane. Avant-goût de la Gay Pride qui se tient à Paris quinze jours plus tard. Quelques femmes perdues au milieu d'hommes aussi élégants les uns que les autres et civils comme on n'en fait plus. Bribes de conversation surprises entre Alain et Jean-Charles, qui viennent de se croiser sur la pelouse de l'hippodrome.

– Alain, ma chérie ! Cela fait un bail qu'on ne s'est pas vus ! Allez ! On s'embrasse. Je te trouve un peu pâlot, tu devrais prendre quelques jours à Ibiza, c'est souverain pour le teint. Alors, qu'est-ce que tu deviens ? Toujours avec Louis ? Craquant, ce mec, un cul d'enfer et une torpille au pieu. Décidément, tu les as toujours bien choisis.

– Non, c'est fini avec lui, et puis, tu sais, il est temps que je commence à penser à mes vieux jours. Je vais me ranger des voitures. Regarde ces cheveux blancs, une horreur, c'est la fin !

– Enfin stable ! Il faut dire que tu te les es tous faits ici ! C'est qui, le mignon que tu comptes te réserver ?

– C'est une femme. La fille du duc de B…

– Quoi, tu couches avec les femmes maintenant ! Qu'est-ce qui te prend, tu es malade ? Tu vas faire quoi avec une femme ?

– M'assurer une retraite paisible. Avec son portefeuille d'actions, il y a de quoi voir venir.

– Vu sous cet angle, je comprends. En somme, tu assures tes arrières après les avoir mis en avant…

Demander sa main à une jeune fille c'est bien, mais il faut se résoudre à sacrifier à la tradition qui consiste à offrir une bague de fiançailles. Remarquez encore une fois que le mâle, dans l'histoire, ne reçoit rien du tout. La jurisprudence reconnaît pourtant au fiancé le droit de récupérer ledit bijou en cas de rupture des fiançailles, si et seulement si la bague est un souvenir de famille. Là il y a un hic, car vos seuls bijoux de famille sont ceux que votre douce connaît déjà. Donc, sous peine de mourir ruiné, il n'est pas question de vous ruer chez Cartier pour acheter une bague, mais de faire un tour à Drouot pour y trouver une émeraude taille ancienne à un prix décent, qui passera parfaitement pour un trésor familial.

Les parents des deux partis sont bientôt mis en présence. Il est temps de penser aux festivités et de convenir d'une date pour les noces. Ici, on laisse l'ancienne génération se débrouiller et convenir des modalités et de la liste des invités qu'il faut absolument prévenir.

Premier recensement : la famille du fiancé en est déjà à trois cents cousins et alliés, côté adverse quatre cents ! Comme les premiers ne sont pas tout à fait du même milieu que les seconds, il n'y aura pas de doublons. Sept cents bouches à nourrir, ça va faire mal au portefeuille ! Il va falloir ruser pour inviter tout ce petit monde, en espérant que la moitié au moins ne viendra pas. On s'accordera à recevoir soit le jour de l'ouverture de la chasse soit un week-end d'élections, en choisissant une destination exotique où personne n'osera s'aventurer. Saint-Pétersbourg un 31 décembre ou Auch dans le Gers un mardi matin, c'est parfait.

On se gardera bien d'annoncer par voie de presse les fiançailles de ses petits, de peur de se rappeler au bon souvenir d'anciennes relations qui réapparaîtront pour l'occasion.

Laissons là les anciens se crêper le chignon pour tout organiser. Bons chrétiens, les futurs époux devront se préparer au mariage religieux. C'est que Notre Sainte Mère l'Église se mêle de vous conduire vers le mariage en vous offrant une préparation spirituelle. Vous n'y couperez pas !

sinon monsieur le curé ne vous mariera pas. Vous devez alors vous taper toute une série de conférences sur le sacrement du mariage en compagnie d'autres postulants qui, eux, prendront la chose très au sérieux.

Premier samedi dans une salle paroissiale du XVIe arrondissement (évidemment). Un couple de jeunes chrétiens vient vous accueillir pour vous informer des modalités et du contenu de la conférence. C'est aujourd'hui le père Chose qui anime une discussion sur le mariage chrétien et la vie à deux. Comme vous êtes un peu tordus, votre amie et vous, vous ne pouvez vous empêcher de vous interroger à voix haute sur les compétences du bon père qui ne doit pas très bien connaître les tenants et aboutissants de la vie de couple. Ça y est, vous êtes déjà mal vus, le couple vous en veut à mort de faire de l'esprit. Il faut dire qu'ils ont tout pour vous agacer. Lui en tee-shirt MJM avec une croix en buis autour du cou, elle avec sa robe en smoks et ses socquettes blanches, pas de doute vous les avez dans le nez. Et c'est Jésus par-ci, Jésus par-là, et la pureté des sentiments, et j'arrive vierge au mariage… Autant se payer une bonne tranche de rigolade, vous n'avez rien à perdre de toute façon, ils sont tellement emmerdants. Vous êtes sûrs et certains de ne jamais les revoir.

– Ah ! Vous vous réservez pour votre nuit de noces, c'est bien ça ? Quel courage ! Marie et moi on a déjà fêté Pâques avant les Rameaux, maintenant on est sûrs que ça colle entre nous, d'ailleurs, dans le mariage, le cul c'est 50 %, n'est-ce pas Marie ?

Vous êtes arrivés à ce que vous vouliez. Ils vous foutent la paix, mais vous tiennent pour des pervers. En tout cas, s'ils ne sont pas encore passés à l'acte, ça les démange. Et que je te caresse la main, et que je te passe les doigts dans les cheveux, et que je te prends par la hanche et que je t'embrasse à qui mieux mieux…

Vous endurez donc une première conférence, puis une deuxième et enfin une troisième concernant la procréation. Celle-là, vous ne voudriez la rater pour rien au monde.

Un jeune couple expérimenté vient donner son témoignage. On mettrait sa main au feu qu'ils viennent de Versailles. Lui, la quarantaine grisonnante, sympathique mais sans plus. Elle, la soixantaine et encore on est gentil. Pardon, elle a trente-trois ans et elle est bien l'épouse du cadre catho qui vient s'adresser à vous. Ils se présentent comme de jeunes chrétiens vivant chastement dans leur mariage. Ils sont fiers de vous présenter leur smala. Il y a Louis-Edmond, l'aîné, treize ans cette année, puis Anne-Laure, douze ans, ensuite il y a les jumeaux Paul-Alexandre et Louise-Dorothée, dix ans. Vient ensuite Paul-Amédée, six ans, c'est un retour de couches. Ce n'est pas fini, on allait oublier Louis-Albert, Charles-Maurice et la petite dernière, six mois, Marie-Béatrice.

Consternés par la prolifération de ce couple, vous ne manquez pas de penser que ce n'est pas une femme qui est devant vous, mais une poule pondeuse. Comment peut-on se reproduire à une telle vitesse ?

On y arrive, car monsieur ne tarde pas à vous donner des conseils très écolo sur le contrôle des naissances. La pilule, connaît pas, le stérilet, non plus. Restent alors les méthodes dites « naturelles » qui ont, en effet, l'air très efficaces. L'insoutenable arrive lorsque le couple commence à vous faire un cours sur la qualité de certaines sécrétions corporelles qui, suivant leur consistance, vous indiquent si oui ou non l'épouse est féconde. C'est immonde et surtout dit d'une façon tellement coincée que ça ne fait même pas rire. Tant pis pour le reste de la préparation. Trop c'est trop.

Autre cas de figure : vous avez décidé de vous rendre au mariage d'amis proches qui sera célébré en Bourgogne. Tout est organisé. On vient vous chercher chez vous à 9 heures du matin, l'oncle Lucien vous recevra le soir dans sa jolie propriété et accueillera aussi votre chauffeur d'un jour. Avant le départ, on vérifie tout, on s'habille le plus élégamment possible, on s'assure si on a bien le cadeau pour les mariés. (Pour l'oncle Lucien, ce sera une boîte de chocolats à deux cents francs, moins chers qu'une nuit à l'auberge.) Parés pour la manœuvre.

Sur la route tout se passe bien. À l'approche du village où la messe sera célébrée, on double quelques voitures à l'équipage bien mis qui se dirigent vers la même destination. Tiens, aujourd'hui, on ne s'est pas perdus en chemin. La photocopie de la carte Michelin (en principe interdite) qui accompagnait l'invitation est claire et précise. On aborde la place de l'Église, qui est envahie de dames portant des toilettes bigarrées et de superbes chapeaux enrubannés, de messieurs engoncés dans des complets impeccables ou des jaquettes. On cherche un bout de trottoir pour garer la voiture et on s'approche de l'église pour aller à la rencontre d'amis. L'heure du mariage approche et on commence à s'installer dans l'église. Vous, malin que vous êtes, vous restez au fond pour, dès la messe commencée, filer à l'anglaise. Le fiancé est debout devant l'autel et attend fébrilement. Le silence se fait dans l'assemblée. Au son de l'orgue, le cortège nuptial s'avance dans la travée. La future mariée est au bras de son père, qui mène sa fille comme un fermier la vache au taureau. C'est bon, dans un instant vous allez pouvoir sortir et vous précipiter au bistrot, certain que vous êtes que tous vos amis feront comme vous. Là, vous aurez une pensée émue pour les témoins qui restent bloqués dans le chœur. Un peu avant la fin, vous rejoignez l'église et attendez la sortie. Au son de l'odieuse marche nuptiale, les nouveaux époux prennent la pose sur les marches. Pendant la traditionnelle photo, vous vous apercevez que la robe de la mariée d'un blanc éclatant dissimule mal le quatrième mois de grossesse. Personne ne se presse pour se rendre au cocktail qui précède le dîner. Vous trépignez, car le sandwich jambon-beurre du café de la place ne vous a pas sustenté. Enfin le cortège démarre et se dirige vers l'endroit où un buffet que vous imaginez gargantuesque vous attend. Vous êtes dans les premiers pour féliciter les jeunes époux et enfin filer vers les victuailles. Horreur ! Vous avez fait cinq cents kilomètres pour trois petits fours mous. Qu'en sera-t-il du dîner ? Surveillant les serveurs, qui apportent quelques vagues amuse-gueules chauds, vous apprenez que vous êtes privilégié car tout le monde n'est pas convié à rester dîner. Heureux de ne pas figurer parmi les victimes de cet apartheid mondain, vous échangez quelques banalités avec vos voisins en attendant l'heure du repas. Enfin on passe à table ! Il n'y a pas de serveurs pour l'entrée. On fait comme à la maison et on se sert comme un grand. Le maître des lieux donne le coup d'envoi et, comme un seul homme, la salle entière se lève et se précipite vers les buffets. Là, chacun pour soi. Armé d'un couteau et d'une fourchette, vous tentez désespérément d'atteindre une tranche de jambon. Raté, c'est la vieille qui vous la chipe sous le nez. Spectacle de vautours qui s'acharnent sur une pauvre carcasse ou de bourgeoises qui se disputent un foulard pendant les soldes d'Hermès. L'attente du plat principal est interminable. On est à la campagne et le service est si lent qu'on vous apporte une assiette tiède. Le dîner s'achève avec le fameux gâteau au sommet duquel est perché un couple en sucre. Chefs-d'œuvre de mauvais goût, ces spécialités pâtissières sont souvent infectes. Le pire est à venir : c'est l'heure des discours. Il vous faut les subir sans piper mot. Ils sont tellement consternants que vous en restez bouche bée.

Le dîner s'achève enfin, voilà trois heures que vous êtes à table, vous commenciez à avoir des escarres aux fesses. Le père invite sa fille à ouvrir le bal. Ni l'un ni l'autre ne savent danser la valse. Tout le monde se tortille sur scène jusqu'à l'aube. L'ambiance de la fête se transforme en celle d'une boîte de nuit. Vous et votre ami vous êtes discrètement enfuis chez l'oncle Lucien. Bilan du week-end ? Vous êtes fourbu, plus pauvre qu'avant, et tout ça pour un dîner plus qu'ordinaire et pour des amis que vous évitez pour la plupart à Paris.

Un des agréments, ce sont les cadeaux. De retour de voyage de noces, les tourtereaux peuvent tout à loisir comptabiliser l'ensemble des présents qui leur ont été offerts. C'est aussi le moment d'apprécier la générosité ou la pingrerie de certains. Il faut alors séparer le bon grain de l'ivraie. On garde le plus utile et on cherche à se débarrasser du reste. Les « rebuts » seront pieusement conservés dans leur emballage d'origine pour être remis dans le circuit à l'occasion d'un autre mariage. Pour les cadeaux issus de listes de grands magasins, on choisira en contre-valeur la merveilleuse chaîne hi-fi dernier cri. Ceci étant, recevoir des cadeaux c'est bien, mais il faut ensuite remercier les généreux donateurs. Ce sont des jours et des week-ends entiers qu'il faut consacrer au pensum des remerciements écrits. Il y a moyen d'alléger la peine des jeunes mariés. Ils peuvent organiser avec des proches des soirées « remerciements » en conviant les intimes à une séance d'écriture collective. Les amis de votre parentèle ne connaissant pas tous votre écriture, pourquoi ne pas demander à d'autres de répondre à votre place ?

3

À TABLE

Vous êtes dans l'état de célibat. (On permettra ici à l'auteur de se mettre en scène.) Comme vous êtes une personne drôle et charmante, vos amis et relations ne se lassent pas de vous recevoir. Un dîner avec vous ne sera jamais morose.

Lorsque les bourgeons des marronniers du jardin du Luxembourg – la seule nature que supporte l'auteur – commencent à éclore, s'ouvre la délicieuse saison des dîners et déjeuners en ville. Si Paris n'est plus aussi gai qu'il ne le fut après la guerre, il y demeure des personnalités dont la fréquentation ne manque pas de charmer. Nous arrivons au joli mois de mai, le mois des ponts où ceux qui n'émigrent pas à la campagne trouvent table ouverte pour occuper leur temps.

Semaine du 1er au 8 mai. Pas besoin de faire des courses pour remplir le garde-manger : tous vos repas sont pris en charge par de généreux amphitryons. Une vieille tante de quatre-vingt-sept ans vous propose de vous joindre à elle et d'autres vieilles branches de la famille pour un déjeuner sur le pouce. Comme vous êtes un homme du monde et un hôte d'exception, vous vous parez de vos plus beaux atours, un complet clair avec une jolie cravate sur laquelle gambade une flopée de petits lapins qui s'amusent beaucoup entre eux. Sachant votre tante très à cheval sur les conventions, à midi trente pile vous sonnez à la porte, nanti d'un joli bouquet de fleurs. Ça ne se fait pas, mais ça fait tout de même plaisir ! Comme dit sa sœur, de dix ans son aînée et qui conduit encore son Austin : « Des conventions aussi stupides et bourgeoises, je m'assieds dessus. À mon âge, ça me flatte qu'un jeune freluquet m'offre des fleurs, sachant surtout que c'est à fonds perdu ! » Deux autres tantes sont déjà là, il ne manque plus qu'un vague cousin qui ne devrait par tarder. Moyenne d'âge : quatre-vingts. Avec vos trente-trois ans, vous faites figure de gamin. Votre tante, en attendant le retardataire, vous propose un petit apéritif. Encore sous le coup de la beuverie de la veille, vous vous abstenez courtoisement, mais voici que les deux autres tantes réclament leurs apéros.

– Tu nous sers quoi, Bernadette ?

– Je ne sais pas, un porto ?

– Tu n'as pas un reste de whisky ? Ou un truc un peu plus relevé ?

– Si, je crois qu'il reste du Chivas, si cette ivrogne d'Élisabeth m'en a laissé. Tu as de la chance, elle n'a pas sifflé toute la bouteille hier soir.

– C'est fou comme elle picole… quatre-vingt-dix-huit ans et une descente !

– Comme quoi l'alcool conserve !

Les tantes ravies s'enfilent un puis deux whiskys en devisant sur leurs bonnes copines d'enfance, qui sont toutes en train de passer l'arme à gauche ou qui sont atteintes de la maladie d'Alzheimer.

Une des tantes :

– Vous savez que j'ai mes petites œuvres ! Faut bien gagner des indulgences ! Eh bien, figurez-vous qu'hier je me suis coltiné une visite à Madeleine à l'Hôpital américain. Pas fraîche la Madeleine ! J'ouvre le pari que dans quinze jours on l'enterre, et encore je suis optimiste.

– Dans quinze jours, mon Dieu ? J'espère que ce sera avant ! J'ai ma cure à Quiberon !

– Bon ! Moi j'ai faim, dit l'hôtesse. Ce petit morveux d'André n'est pas foutu d'être à l'heure, on passe à table, tant pis pour lui ! Tiens, j'enlève son couvert, on sera plus à l'aise.

On passe à table. Une table de bridge dans un coin du salon. Le couvert est mis et il faut dire qu'on a mis les petits plats dans les grands. Comme vous êtes le seul mâle de l'assemblée et que vous n'êtes que quatre, le problème des préséances ne se pose pas.

– Mon petit, comme tu es encore frais et vaillant, tu vas faire le service. Passe dans la cuisine, l'entrée est dans le frigo, c'est du saumon. Les blinis sont dans le four, sors-les sans te brûler.

Vous vous exécutez ; vous jouez parfaitement votre rôle de valet de chambre « Grand Siècle ». Depuis votre plus jeune âge, vous êtes rompu à ce genre d'exercice. À quatre-vingt-dix ans, on ne mange plus, on grignote. Un demi-blini par tante et un quart de tranche de saumon. Vient votre tour de vous servir, une tranche de saumon vous aurait suffi pour vous sustenter, après tout ce n'est qu'une entrée. Frugal comme la fourmi de la fable, vous ne prenez qu'une tranche de saumon et un blini. Votre tante vous regarde d'un air étonné.

– Tu ne prends que ça mon chéri, mais à ton âge il faut manger, et puis si tu t'imagines que je vais garder les restes ! Tiens, je te sers, il faut que tu te remplumes, tu es maigre comme un coucou.

Et la voilà qui s'empare de cinq autres tranches qu'elle vous jette dans la gamelle. Vous n'aviez pas vu qu'en sus du saumon, il y avait du tarama, denrée que vous ne supportez pas, et hop ! trois cuillerées à soupe pour faire bonne mesure. Il va falloir tout avaler. Pendant que vous tentez d'ingurgiter vos cinq cents grammes de saumon fumé, ces dames continuent leurs petites conversations. Vous regrettez amèrement la feuille de salade salvatrice qui vous aurait permis de cacher les restes dans votre assiette.

Une tante :

– Si vous saviez, mes amies, ce qui m'est arrivé, hier à la messe ! Une chose… une chose inouïe !

– Quoi donc ? Tu nous mets l'eau à la bouche ! C'est drôle au moins ?

– Non, c'est dégoûtant ! Figurez-vous que pendant l'élévation, mon voisin de gauche, un homme de soixante ans bien sonnés, tout en me regardant, a ouvert son pantalon et a commencé à se masturber ! C'est incroyable, non ?

– Mais tu devrais être ravie, ma chérie, qu'à ton âge tu puisses encore faire de l'effet à un homme !

– Le problème n'est pas là, Hélène. Ce qui me choque, c'est qu'il fasse ça dans une église !

Autre tante qui prend la balle au bond :

– Moi, je vais vous dire, le jour où on a arrêté de me pincer les fesses dans le métro, j'ai pris un coup de vieux.

Réflexion rêveuse lancée à la cantonade :

– Je me demande si je regrette mon veuvage ? Je ne sais plus si je pourrais encore supporter les assauts d'un homme.

– Pour ma part, j'ai assez donné, maintenant j'ai la paix.

– Moi aussi ! et puis les hommes j'en ai fait le tour ! Avant mon mariage, je les ai testés à loisir…

Une tante, subjuguée par cet aparté :

– Comment, tu n'étais pas vierge le jour de ton mariage ?

Réponse de la bergère à la bergère :

– Non mais tu rêves, je me suis mariée à vingt-quatre ans, je me permets de te le rappeler, tu me prends pour une oie blanche ? Tu étais vierge, toi ?

– Oui, bien sûr ! Je n'ai connu qu'un homme dans ma vie. Ce n'est que le soir de nos noces que j'ai vu le loup pour la première fois. Entre nous soit dit, il n'y avait pas de quoi en faire une montagne.

– Eh bien, ma pauvre, j'espère que c'était le bon parce que, moi je te le dis, il y en avait de pas praticables du tout !

On ne sait comment la livre de saumon s'est calée dans votre estomac. Il est temps de passer au plat de résistance. Un navarin d'agneau aux petits légumes de printemps pour six gros mangeurs. Rebelote ! on sert les tantes. Vous vous arrangez pour détourner l'attention de votre hôtesse. Juste un petit bout de viande et trois petits pois noyés dans de la sauce. Elle n'y a vu que du feu. Le déjeuner suit son cours normal, et les tantes continuent à se remémorer quelques bons souvenirs des guerres de 1914-1918 et de 1939-1945.

Après le fromage vient le dessert. Cinq énormes parts de gâteau, genre « étouffe-chrétien ». Vous n'y échapperez pas, et en effet on vous refait le coup du « à ton âge il faut manger ! ». Trop c'est trop. Vous déclarez forfait ! Vous serez quitte pour un *doggy bag* avec votre morceau de gâteau de ce lâche d'André qui s'est porté pâle. Le déjeuner prend fin. Il vous faudra trois bonnes heures pour faire une sieste digestive alors que les tantes, elles, ont prévu une petite virée au cinéma pour aller voir le dernier James Bond. Les remèdes de grands-mères sont souverains. À peine revenu chez vous, vous vous précipitez dans votre armoire à pharmacie pour avaler du bicarbonate de soude. Le saumon au tarama, c'est très gras !

Il est temps maintenant de se préparer pour le dîner. Dîner entre amis du même âge ! Chausse-trappe sociale ! C'est Henry qui reçoit ce soir. Il est gentil ce cher Henry, très gentil, pour ne pas dire *trop* gentil. Vous n'avez jamais vraiment su si sa bonté était de la bêtise déguisée, mais quoi qu'il en soit vous l'aimez bien, comme on aime un vieux chien. Vous êtes un sentimental ! Ce n'est pas sa faute s'il est tellement ennuyeux… Ce dîner, vous l'appréhendez avec raison, mais devant son insistance vous ne pouviez encore une fois refuser son invitation. Trois fois cette année, vous avez réussi à vous excuser, mais vous étiez à court d'arguments lors de son dernier coup de fil, et vos explications vaseuses connaissent des limites : votre grand-père venait de mourir, votre mère souffrait d'un cancer au stade terminal et, récemment, vous aviez un entretien d'embauche qui allait vous retenir à Lisbonne une bonne semaine. Cette fois il vous a eu. C'est qu'il n'est pas totalement stupide, Henry. Il vous a invité deux mois à l'avance, vous ne pouviez plus refuser, car c'est pour vous qu'il organisait cette soirée. Dans quel but ? Aurait-il une âme de marieur ? À cette seule idée vous vous sentez mal. Le coup de la gastro, c'est tentant mais ce serait vraiment lâche.

Alors vous vous préparez sans conviction pour ce dîner qui ne saurait être mémorable. Mais vous avez tort, car bien des surprises vous attendent dans l'antre de votre amphitryon.

Vous voici donc à 20 h 30 devant l'immeuble de votre ami, hésitant encore à monter. Vous vous réajustez un peu et tentez de faire bonne figure en affichant une mine réjouie. Pourtant, mille questions s'imposent à vous. Aura-t-il un bon whisky, les invités seront-ils drôles, le repas mangeable, le vin buvable ?

Après un long soupir de désespoir, vous vous décidez à grimper les quatre étages sans ascenseur avec des semelles de plomb et enfin à sonner à la porte. Le drame peut commencer !

C'est ce cher Henry qui vient vous ouvrir. Il porte un ravissant tablier de cuisine à fleurs, il s'essuie les mains avec un torchon, avant de vous tendre une paluche qui sent l'oignon. C'est lui le maître queux de la soirée, ça promet ! Vous êtes bien entendu le premier puisque vous aviez oublié qu'à Paris, si on vous invite pour 20 h 30, cela signifie qu'on ne vous attend pas avant 21 heures. Henry, bien content de vous voir, se permet néanmoins une petite remontrance à propos de votre exactitude rigide. Il vous invite à passer au salon, vide, et s'excuse de devoir vous laisser seul pendant qu'il finit les préparatifs de la bacchanale qui vous attend. Pour combler l'ennui qui suinte des murs de cet appartement, vous faites l'inventaire des lieux. Le décor est fidèle à l'idée que vous vous faites de votre « ami ». La pièce est aussi sordide que l'arrière-boutique d'un brocanteur de province. Les peintures ont besoin d'être rafraîchies et les rideaux de passer chez le teinturier. C'est vieillot et visiblement rien n'a dû être déplacé depuis la mort de la grand-mère en 1965. On remarque même sur la moquette l'empreinte d'un meuble qui a sans doute été récemment vendu. Parmi ceux qui restent, rien de remarquable, si, une commode d'un style non identifiable. Les sièges sont des copies Louis XVI et Napoléon III, et encore… plutôt le style Poincaré, façon Saint-Antoine. Sur un secrétaire louis-philippard sans aucun cachet, quelques photos de famille trônent autour d'un magnifique crucifix qui, lui, est bien le seul objet digne d'intérêt. Le canapé ? C'est un lit d'appoint pour les amis de passage. Aux murs ? Des toiles de tout petits maîtres du XVIIIe, achetées trois sous en salle des ventes. Quelques gravures représentant des rois de France sont maladroitement disposées çà et là pour rappeler que la famille d'Henry a du sang bleu : sa mère est « née » alors que son père ne l'était pas. Ces gravures nous rassurent quant à son pedigree. En fait, un antiquaire ne trouverait rien de valeur dans ce salon qui se veut authentiquement aristo. Tout est vieux et croulant, comme cette chaîne hi-fi des années soixante-dix que vous n'aviez pas encore repérée sous un fauteuil défoncé.

Bon, où est le whisky ? Là, tout proche de vous, sur une desserte, en compagnie de curieux breuvages dont vous aviez oublié l'existence. Gentiane, Picon, Dubonnet, Martini, et même du pastis. Du pastis chez Henry, on aura tout vu ! On fait comme à la maison, on se sert une petite lampée de liqueur d'Écosse sans eau, car ce serait tout aussi criminel que de noyer un armagnac. Toujours personne, choisissons un fauteuil pas trop cabossé pour fumer une cigarette. Henry n'aime pas qu'on fume chez lui ? Tant pis pour lui, il y a un gros cendrier en cristal de Murano qui est posé sur la table basse. La sonnette vient de vous sortir de l'insidieuse mélancolie que cet appartement vous inspire. Chic, des invités, on va pouvoir s'occuper ! C'est une jeune fille de trente-trois ans qui arrive. Henry l'introduit dans le salon et la présente.

– Je te présente Sophie ! Je vous laisse ensemble, je finis de préparer le repas.

Vous voici donc nez à nez avec une créature dont vous ne connaissez que le prénom. Sophie qui, Sophie quoi ? Elle fait quoi, Sophie, dans la vie ? Elle aime quoi, Sophie, elle sort d'où, Sophie ? Elle a l'air un tantinet timide, elle cadre bien avec le décor. Il est impératif d'entreprendre la conversation. Faisons la jeune fille de la maison en lui proposant un verre. Elle accepte un jus de tomate du bout des lèvres. Manifestement elle attend que ce soit vous qui brisiez la glace. Puisqu'il est temps de se lancer, essayons de dégeler l'atmosphère.

– Je crois qu'Henry ne nous a pas présentés, je m'appelle Charles de Castries, mais pardonnez-moi, je n'ai pas bien saisi votre nom de famille ?

– Oui, certainement, je suis Sophie Durant !

– Et vous connaissez Henry depuis longtemps ?

– Au moins dix ans, dit-elle en regardant ses pieds.

Ce n'est pas que vous soyez méchant, mais vous éprouvez soudain une irrésistible envie de vous en prendre à cette pauvre biche terrorisée, plantée là comme une gourde. Elle est paniquée à l'idée d'être seule avec vous dans ce salon et cherche du regard la sortie de secours la plus proche. On a dû lui parler de vous et votre réputation vous a devancé. Elle s'imagine, soit que vous allez lui sauter dessus soit lui sortir des horreurs. Vous n'êtes pas un violeur, simplement un provocateur né. Ce sont donc des horreurs que vous allez lui asséner.

– Et que faites-vous de vos journées, mademoiselle ?

– Je suis secrétaire de direction à la Caisse des dépôts et consignations !

– Passionnant ! Moi je travaille dans un sex-shop ! C'est incroyable la clientèle chic que je peux avoir. J'ai même un ministre homosexuel qui est un client régulier. Vous connaissez la rue de la Gaîté ?

La pauvre fille médusée vous regarde comme si vous étiez le diable incarné et ne sait plus où se mettre. Vous êtes ravi de l'effet que vous venez de susciter. Mais voilà d'autres invités qui arrivent et votre victime vous échappe. Ce n'est pas grave, car l'assemblée réunie par les bons soins d'Henry n'est pas plus marrante que Sophie. Vous allez bientôt avoir de nouveau l'occasion de vous faire remarquer par votre dangereuse originalité.

Puisque tout le monde est là, autant décrire l'assistance. Ils ont tous entre trente et quarante ans, sont célibataires et visiblement ne se connaissent pas entre eux. De plus, ils ont l'air aussi attirants qu'une horde d'huissiers de justice. Vos craintes étaient justifiées. Henry, en bon samaritain qu'il est, vous a convoqué pour une sorte de dîner de dernière chance pour célibataires endurcis. Sans vouloir faire la fine bouche ni paraître trop délicat, la gent féminine n'est pas de toute première fraîcheur. C'est un dîner avec des restes et entre nous soit dit, les restes, vous n'en raffolez pas. Enfin, on passe aux choses sérieuses. À table ! Henry, en bon maître de maison, préside le repas après nous avoir placés comme il se doit. Votre voisine de droite, c'est la biche terrifiée, celle de gauche, une rosière de trente-six ans qui porte autour d'un col roulé une chaîne en or où sont accrochées une dizaine de médailles pieuses. C'est une grande aventurière des pèlerinages comme la plupart des invités ici présents.

Tout le monde prend place pour attaquer l'entrée, un demi-avocat au surimi avec de la mayonnaise. Silence de mort à table. Henry fait très mal son boulot de maître de maison. Si ça continue, autant aller dîner à la Grande-Chartreuse.

Personne ne bronche, sauf un garçon binoclard et couvert d'acné qui sort une phrase toute faite sur le merveilleux avocat au crabe. Et vous d'attraper la balle au bond et de lui faire remarquer qu'en l'occurrence le crabe, c'est du surimi. Toujours rien, personne ne pipe mot. Alors le vaillant franc-tireur que vous êtes se décide à sauver la soirée en animant le repas. Puisque l'assistance est plutôt sinistre, choisissons un sujet qui fâche. Alors vous lancez une petite question d'actualité.

– Qui d'entre vous est allé à la manifestation anti-pacs ?

L'effet est immédiat et bien entendu prévisible. Tous étaient de la fête. Du coup les langues se délient et la conversation s'engage. Il n'y a pas à dire mais, pour l'ambiance, vous êtes le roi. Votre voisine estampillée « Medjugorjé » se déchaîne sur le sujet. On la croyait moins loquace. Elle raconte combien de milliers de participants fervents étaient présents à la manif et combien les homosexuels sont des êtres pervers, des suppôts du diable. C'est parti. Vous écoutez béatement en prenant bien garde à remplir son verre de vin. En la faisant boire, elle vous étonnera peut-être ! La suite du dîner va s'avérer poignante. Henry nous a concocté un poulet au curry et aux hormones avec du riz. Heureusement, si les invités sont très stricts et très étroits d'esprit, ils picolent pas mal. À mesure que le dîner se déroule, le boutonneux qui vous fait face vous interpelle. En fait, il vous dérange alors que vous tentiez de dissimuler des morceaux de poulet sous des feuilles de salade. C'est un petit snob qui est guichetier à la BNP et qui tente d'engager la conversation avec vous en la dirigeant sur des sujets qui ont le don de vous exaspérer.

– Vous ne seriez pas cousin des Untel ?

– Non.

– Pourtant il semblerait que nos familles soient alliées…

– Ah bon, et alors ?

– Mais nous avons des liens de parenté ! Nous descendons tous deux de Saint Louis !

– C'est vrai, comme 90 % des Français.

Vous faites tout pour être désagréable, mais il continue avec ces histoires d'arbre généalogique qui n'intéressent personne.

– Au fait, vous, vous étiez à la manif anti-pacs ?

– Ah non ! Du tout ! Je suis pro-pacs.

– Est-ce possible ? Tous ces homos, c'est la fin d'une civilisation !

– Laquelle ? La vôtre ?

– Nous sommes gouvernés par des juifs et des maçons, tout fout le camp !

Il va un peu loin, le coco. Vous allez vous l'offrir.

– Vous pensez qu'il y a trop de juifs ?

– Mais ils sont partout, dans la finance, dans les médias, dans la politique !

– Vous trouvez vraiment ?

– C'est certain !

– Pardonnez-moi, mais je ne crois pas vous avoir dit que ma mère était juive.

Il est K.-O. pour le reste de la soirée. Il l'avait cherché !

Le dîner passe, et vous vous passeriez bien de lui. Vivement le lit et deux bonnes aspirines. L'heure de la libération sonne. Sans demander votre reste vous tirez votre révérence, espérant bien ne plus jamais revivre de dîner chez Henry. Vous avez été tellement odieux qu'avec un peu de chance il ne vous invitera plus jamais. Eh bien, non ! Le lendemain, il vous appelle pour vous dire combien ses amis vous ont apprécié. C'est à croire que la méchanceté ne paie plus ou que le cynisme fait recette.

Ah ! le lendemain c'est autre chose ! Dîner « Grand Siècle » chez la princesse de W… Vous n'êtes pas snob, juste un peu, mais ce dîner, vous en êtes certain, aura du chien. Les W… sont une vieille famille, certes d'Empire, mais qui a su depuis deux siècles maintenir un train de vie digne de l'Ancien Régime. Ils ont toujours su s'allier à de riches familles d'industriels quand le besoin s'en faisait sentir, c'est-à-dire à chaque génération. L'actuelle princesse de W… n'est-elle pas elle-même la fille d'un richissime Chilien qui a fait fortune dans le commerce du guano ? Ce sont les derniers à Paris à posséder un ravissant hôtel particulier du XVIIIe rue de Varenne mais leur résidence principale est à Genève, on se demande pourquoi.

Madame de W… a bien fait les choses. Un superbe bristol pour que vous lui fassiez l'honneur d'aller casser la graine chez elle. Une semaine avant le jour J un désuet « pour mémoire » vous est parvenu, mais on ne saurait oublier un tel rendez-vous. Vite on s'apprête avec une certaine excitation et on se rue sur son vélo, direction le faubourg Saint-Germain, à la recherche du temps perdu.

À peine a-t-on passé la porte cochère qu'on se retrouve dans la cour d'honneur, reçu par une armée de valets en livrée armoriée. Aimablement, on vous indique le vestiaire, puis on vous conduit vers les réceptions. Dieu aime les riches, car le soleil est au rendez-vous et les jardins sont en fête. La princesse de W… vous accueille comme le Messie et vous lance un petit compliment bien placé sur votre mine radieuse.

– Charles, je me suis permis de te faire présider une table ce soir ! Tu fais partie de la famille, il faut que tu me rendes un grand service. Tu sais qu'il n'est pas évident de faire des tables équilibrées, alors comme je sais que tu n'es pas bégueule, j'ai dû placer avec toi l'antiquaire Laurent Le Franc et son ami. Il n'y aura donc pas une parfaite alternance homme-femme, bien que je sache parfaitement qui fait l'homme et qui fait la femme dans le couple.

– Il n'y a aucun problème, ma tante, j'éviterai les sujets graveleux.

– Surtout pas, sois naturel ! Avant que tu n'ailles t'enfiler du champagne dans le jardin, je voudrais simplement te dire que j'ai mis à ta table la fille des chocolats belges. Bien faite, drôle, pas bête, mais surtout fille unique et libre comme l'air. Si tu te débrouilles bien, tu pourrais l'emballer.

Encore une marieuse ! Elle est très pratique, cette bonne princesse de W…, et garde les pieds sur terre en toutes circonstances. Le temps de saluer quelques amis et profiter de la fraîcheur de cette soirée de printemps sur la pelouse de l'hôtel, on vient annoncer à la princesse que le dîner est servi. Douze tables nous attendent, nous sommes ce soir cent vingt. C'est avec la duchesse de X… que vous présiderez votre table. Entre autres compagnons, il y aura aussi un ancien directeur de la télévision française, un écrivain à la mode, une princesse arabe et l'héritière d'une célèbre marque de shampooing. Rapidement, on se retrouve à dix debout autour de ladite table, attendant que la princesse de W… donne le signal de s'asseoir.

À peine installé, vous posez votre serviette sur vos genoux pour vous emparer du menu. C'est mieux que chez Ducasse, les vins n'ont pas l'air mal non plus et pour couronner le tout, c'est gratuit.

Votre tante a placé à votre droite la jeune héritière et à votre gauche l'amant de l'antiquaire, qui est dans la mode. Tous deux semblent ouverts et sympathiques.

Premier service : queues de homard en gelée aux asperges de Vineuil, le tout servi avec un gewürztstraminer que le maître d'hôtel vous fait goûter. Après un petit coup de tête entendu de votre part, le sommelier remplit les verres de vos voisins et voisines. Le homard reste désespérément au fond de son assiette, car la duchesse de X… n'a pas donné le signal du départ. Elle est en pleine conversation avec son voisin, l'ex-patron de France Télévision. Soudain elle réalise qu'on n'attend qu'elle pour piquer la bête. Elle attaque enfin. Sa mine reflète un certain contentement, allons-y. Un débat des plus constructifs vient à propos pour égayer la joyeuse tablée. La duchesse ne manque pas de piquant et s'en prend au dernier manuel de savoir-vivre qui fait fureur dans les Intermarché de province.

– Je ne sais pas qui est cette baronne qui semble vouloir prêcher la bonne parole aux gens du commun, mais si on suivait à la lettre les préceptes désuets qu'elle y prône, la vie serait un enfer !

– Je ne puis qu'abonder dans votre sens, madame la duchesse. Par exemple, a-t-on déjà entendu un homme du monde dire « mince » ou « crotte » ?

– Du tout ! Chez nous on dit « merde » ! Ça veut bien dire ce que ça veut dire !

– Et cette histoire de ne pas couper sa salade avec son couteau ! Une ânerie ! Plus personne n'a d'argenterie de nos jours, et puis les maîtresses de maison n'ont qu'à la servir déjà coupée.

– Moi, ce qui me gêne le plus, ce sont les sujets à ne pas aborder à table, l'argent, le sexe, la religion et la politique.

– Je vous comprends, mon cher, si on s'y tenait, de quoi parlerions-nous ?

Unanime ! la table est unanime et se lâche furieusement. Tous les sujets sont abordés, y compris les plus osés. Votre voisin s'en donne à cœur joie en vous débitant la liste de ses anciens amants, aujourd'hui réfugiés dans le mariage, mais qui continuent à butiner de jeunes éphèbes. La liste est impressionnante et vous êtes ravi de ce flot d'informations. L'héritière y va aussi de ses petits ragots méchants qui font de la vie un enchantement. Plus cruelles langues réunies, il n'y a pas ! Un délice !

Une oreille attentive vers les conversations des tables voisines, et vous voilà rassuré : elles sont toutes aussi malveillantes. Le dîner se passe bien, on apprend tout sur les frasques du président de la République, les mœurs dépravées de tel ministre de droite qui, bien qu'homo notoire, a défilé lors de la manif anti-pacs ! C'est un moment mémorable, du Saint-Simon républicain !

Toute bonne chose ayant une fin, le dîner sera suivi d'une collation où vous retrouverez quelques amis qui, comme vous, auront goûté ce festin du diable et, comme vous, auront rempli leur besace à ragots. La princesse de W… avait réussi à réunir les dignes héritiers de la princesse Palatine, de la comtesse de Boigne, de madame de Sévigné, du baron de Besenval, d'Anna de Noailles, de Montesquiou, bref, de tout ce que la France compte de plus durs mémorialistes. Comme quoi, chez les grands, on se déboutonne et on aime ça, alors que chez les bourgeois on est trop souvent réservé et ennuyeux.

4

DE L'ÉLÉGANCE

Qui oserait encore prétendre que l'habit ne fait pas le moine ? L'habit fait tout, la fripe fait l'évêque ! Puisque nous vivons dans un monde où il faut paraître, alors il faut jouer le jeu sans tomber dans les travers de la mode. Souvenons-nous que pour survivre, on doit être en mesure de s'adapter sans pour autant devenir ce que les anglo-saxons dénomment une *fashion victim*. Faites vôtre cet adage : pour être à la mode, ne la suivons pas ! Ainsi libéré des diktats des créateurs de l'avenue Montaigne, vous éviterez de succomber à la tendance du moment qui vous transforme, sans même que vous vous en doutiez, en vitrine d'une quelconque maison de haute couture. Y a-t-il un réel intérêt à porter un t-shirt estampillé Chanel ou un jean Dior ? Évidemment non, et ceci pour plusieurs raisons. La première, la plus évidente, est qu'il faut vraiment être stupide pour acheter un t-shirt dix ou vingt fois plus cher chez un créateur alors que ceux de Monoprix sont tout aussi élégants. La deuxième est qu'il n'y a pas plus anonyme qu'un jean. Pourquoi se couvrir les fesses d'un pantalon onéreux quand son sosie est plus qu'abordable ? La troisième raison, déjà évoquée, de ne pas arborer de vêtements trop visiblement griffés d'une marque célèbre est qu'il n'y a aucune raison d'être, à son insu, une vitrine publicitaire pour leurs créateurs. Si vous décidez malgré tout de porter des marques, exigez d'être rémunéré. O.K. pour le polo Lacoste avec le crocodile, mais avec réduction.

Alors, comment être chic sans passer par les grands faiseurs ?

D'abord, qu'est-ce qu'être chic ? C'est être bien habillé pour un prix modique. C'est être « tendance » sans être soumis à la tendance. C'est ne pas être une victime de la société de consommation. En résumé, c'est s'assumer en restant soi-même.

Et quels sont les moyens pour demeurer élégant ou élégante sans assécher son compte en banque, ou mieux encore sans bourse délier ? Il y a moult astuces pour y parvenir. En voici quelques-unes.

La première chose à maîtriser, c'est l'art du troc. On peut et on doit toujours marchander. Si vous vous proposez d'acheter une quantité importante de caleçons ou de soutiens-gorge, faites remarquer au vendeur que vous êtes un bon client et qu'une ristourne serait bienvenue. S'il ne réagit pas, évoquez la concurrence. Inflexible ? Dites-lui que vous le réglerez en liquide. S'il ne consent à aucune ristourne, c'est que c'est un idiot et allez voir ailleurs.

Une autre solution consiste à patienter. La période des soldes ne saurait tarder. Même si ce pull en cachemire vous fait languir, sachez que, quinze jours plus tard, il s'offrira à vous moitié moins cher. Alors revenez plus tard !

Pour les impatients, il existe des commerces d'un genre particulier : les grossistes et les soldeurs. Les premiers se trouvent en général dans les ruelles sombres des grandes villes. En principe, ils ne consentent pas à vous vendre des vêtements ou des accessoires au détail. Certes, mais qui dit que vous allez acheter un article au détail ? Avant les fêtes de fin d'année, faites-vous cadeau de dix cravates en soie véritable à cinquante francs pièce au lieu de quatre cents. Si ce n'est pour vous, ce sera pour offrir ou bien cela constituera un achat groupé destiné à un pool d'amis. Même chose pour les bijoux fantaisie, les accessoires de mode et les jouets. Certains fournisseurs seront réticents à vous vendre une petite quantité de vêtements prétextant que leur clientèle est exclusivement professionnelle. Alors faites-vous gérant d'un magasin de mode à Belgrade ou à Oulan-Bator. Expliquez que vous êtes actuellement à la recherche d'un fournisseur et que c'est pour cela que vous ne vous portez acquéreur que de deux paires de chaussures en cuir véritable.

La seconde catégorie, celle des soldeurs, est plus facilement abordable. Pour les connaître, il suffit de se porter acquéreur d'ouvrages spécialisés du genre *Paris pas cher*. C'est inouï ce qu'on peut y trouver. Du dégriffé comme du griffé ! Ce sont des cavernes d'Ali Baba où l'on peut s'offrir du Saint Laurent ou du Givenchy pour presque rien. Un complet veston à mille francs, c'est le nirvana. Des chemises, certes sans marque – mais parfaitement coupées –, pour deux cents francs, c'est le paradis, surtout que leurs petites sœurs jumelles vendues avec la marque sont trois à quatre fois plus chères. En somme, ce type d'établissement contente l'harpagon qui sommeille en vous. Lorsqu'un ami s'émerveillera de la qualité de votre costume trois pièces et le comparera au sien qu'il s'est offert au prix plein pot, c'est-à-dire à plus de cinq mille francs, vous pourrez lui annoncer qu'il s'est fait rouler dans la farine !

Le prêt-à-porter c'est bien, mais il y a aussi le sur-mesure qu'on a une fâcheuse tendance à oublier. Avoir un tailleur ou une couturière n'est pas forcément ruineux.

Il y a des tailleurs très bon marché qui seront ravis de vous faire une ristourne si vous les payez en liquide. De même, une bonne couturière sera capable de vous coudre une robe qui sera la reproduction parfaite de celle qui vous fait tant envie sur le dernier *Figaro Madame*. Mais attention à ne pas en faire une copie conforme pour ne pas risquer de problèmes. Grâce à Internet ou un réseau d'amis, on peut commander en ligne des vêtements à des tailleurs vivant dans les États où la main-d'œuvre est de qualité, mais beaucoup moins chère. Pour le prix de trois chemises à Paris, on en a cinquante à Jakarta !

Pour les femmes comme pour les hommes restent les fripiers. Avec un peu d'imagination et un tant soit peu de goût, une robe 1920 ou un tailleur 1950 pourront, après quelques modifications, être réhabilités. Pour les hommes, un costume, qu'il soit de la Belle Époque ou des années cinquante, sera indémodable : il suffit simplement de ne jamais acheter de la fripe années soixante-dix dont le style est douteux.

Le dernier conseil est de pratiquer les ventes de charité. On y trouve aussi de tout, un smoking un peu usé (le top du chic), des vestes de chasse, des pulls pure laine impeccables ou des accessoires divers et variés qui encombraient les tiroirs des bonnes paroissiennes. Plutôt que de les jeter à la poubelle, elles en font don à la paroisse, histoire de se donner bonne conscience. Il est entendu que pour se saper comme un milord dans une vente de charité, il faut bien la choisir. On a plus de chance de trouver de beaux vêtements dans des paroisses riches comme celles du XVIe, de

Neuilly, du VIIe ou encore de la Madeleine. À Montrouge, il est improbable de dénicher l'affaire du siècle.

Maintenant, et c'est le plus intéressant, comment s'habiller à l'œil ? Là encore il existe plusieurs techniques. Il faut savoir se faire offrir des vêtements par ses proches en profitant de leurs travers.

Il suffit par exemple de faire comprendre à la *fashion victim*, que la petite jupe qu'elle porte et qui vous tente est totalement démodée. Avec un peu de chance, elle vous la fourguera. Quant à ceux de vos amis qui, l'âge venant, deviennent difformes, il n'y a aucun complexe à avoir. Portez-vous volontaire pour les décharger de vêtements qui ne leur seront désormais d'aucune utilité.

Autre astuce pour les robes de soirées. Afin de ne pas avoir l'air trop fauchée, si vous sortez dans la haute, créez-vous un groupe d'amies aux mensurations voisines et refilez-vous à tour de rôle la même robe. Si vous êtes invitée à une grosse sauterie qui sera médiatisée, tentez le coup avec les grands couturiers pour vous faire prêter une robe. En général, ça marche. (Au besoin, inventez-vous un nom ronflant. Vous ne serez ni la seule ni la première à porter un titre usurpé.)

Dernier moyen de passer l'hiver dans un complet de qualité : guettez les morts ! Un de vos oncles, le plus élégant, est au terme d'un cancer de la prostate. Soyez vigilant. À peine refroidi, veillez à ce qu'il ne soit pas enterré avec son superbe costume prince de galles. Si la famille insiste pour le vêtir comme un jour de gala, faites observer que les vers se fichent de savoir si le défunt était client de la rue du Faubourg-Saint-Honoré ou de chez Tati, et que, de toute façon, quand la boîte sera refermée, personne ne verra comment le corps est apprêté pour le grand voyage. Ce sera au moment où les ayants droit feront le ménage dans la garde-robe du défunt qu'il faudra agir. Comme il est souvent d'usage de donner les affaires du mort au Secours catholique (ou au Secours populaire, selon les opinions politiques), il faut passer avant lui. Moi d'abord, les nécessiteux après. C'est vrai. Un clochard en costume trois pièces, une SDF en tailleur de Chanel ou un travailleur immigré en jaquette, ce serait ridicule ! Vous, au moins, vous en ferez un bon usage.

Vous vous posez la question de savoir quand et comment vous habiller dans les différentes circonstances de la vie ?

Commençons par nous pencher sur l'art et la manière de se vêtir suivant les différents âges de la vie, c'est-à-dire de la naissance à la mort.

Avant même que vous ayez daigné prendre la peine de venir au monde, vos géniteurs ont depuis longtemps pris le soin de vous constituer une jolie garde-robe. Avec un peu de chance vous héritez, déjà, de layettes de seconde main. Celles des précédentes portées de vos parents ou de leurs cousins et amis qui n'auront plus l'occasion de les utiliser. À cette époque de la vie qu'importe l'habit, puisque votre principal intérêt n'est certainement pas la marque de votre bavoir ou de votre vareuse.

Plus tard l'enfant, enfin propre, deviendra sans le savoir le témoin des prétentions sociales de ses parents. Pour faire bourgeois ou aristo, on le déguisera, pensant qu'il mettra ainsi en valeur la réussite de ses parents. Dans le XVIe, on se précipitera sur les robes à smoks pour habiller les petites filles et on forcera les garçons à porter blazers bleu marine et culottes courtes. À ce sujet, il faut rappeler aux parents que forcer ses enfants à s'habiller de la sorte quand il fait

– 10 °C relève du sadisme et de la cruauté mentale. Vive les jeans ! Le vêtement est aussi pour les parents un moyen formidable de rétorsion. Tout géniteur sait qu'un enfant peut être odieux et s'il ne l'est pas, c'est qu'il est malade. Si la bonne vieille fessée ne donne pas de résultat, il existe un moyen de se faire obéir. Mieux que le martinet, plus efficace que les coups de ceinturon, il y a la culotte de peau tyrolienne. Procurez-vous donc une de ces spécialités autrichiennes et menacez vos enfants de les obliger à les porter pour aller en classe. Terrifiés, ils se calmeront très vite de peur d'avoir à subir la risée de toute l'école et surtout l'inconfort évident de ce type de short alpin.

De zéro à dix ans, ce sont vos parents qui auront décidé pour vous de votre look. Période bénie où vous portiez n'importe quoi sans broncher. Mais voilà qu'à la pré-puberté vous commencez à ruer dans les brancards. Vous voulez être *in*, c'est-à-dire ressembler à tout le monde. Déjà être victime de la mode. Farouche ennemi du costume militaire, vous singerez vos camarades de classe sans vous douter un instant que vous êtes en train d'adopter un autre type d'uniforme. C'est alors que le portefeuille de vos parents en prendra un sacré coup, parce que vous n'êtes pas encore prêt à adopter des positions défensives vis-à-vis de la société.

Non ! Je ne veux pas de baskets en solde, je veux des baskets de marque comme les copains (la marque la plus chère, celle qui a permis à tel athlète de gagner aux derniers JO).

Lorsque vos parents exsangues vous auront satisfait sur le plan vestimentaire viendra l'horrible période de l'émancipation où la pauvreté vous rappellera à l'ordre. Fini les jeans troués et pré-usés à mille francs la paire, fini les pulls de chez Benetton. C'est le moment où il faudra faire du neuf avec du vieux.

Avec l'âge, vous apprendrez peu à peu à choisir vos oripeaux en fonction de votre état physique et de vos goûts. Encore jeune, des costumes cintrés vous iront à merveille ; au fur et à mesure que vous prendrez de l'ampleur, les vêtements un peu plus larges permettront de cacher vos difformités... Rien ne sert de vouloir faire jeune en s'habillant, les atteintes du temps sont impossibles à dissimuler. Aujourd'hui, Brigitte Bardot en bikini ne ferait plus le même effet sur la gent masculine qu'en 1956. Jeanne Calment en Jean-Paul Gaultier n'aurait pu tromper qui que ce soit.

Plus tard, beaucoup plus tard, viendra l'instant fatal. Là aussi il faut savoir se vêtir. Si on doit être exhibé à la famille pendant les heures qui précèdent la mise en bière, il faut prévoir un vieux costume élimé ou encore un pyjama. De toute façon, on ne risque plus de prendre froid. Histoire de rire une dernière fois, je suggère de vous faire mettre en boîte entièrement nu. L'idée de se savoir à poil dans une église alors que le curé s'excite sur vous à coups d'encensoir est très séduisante.

Les manuels de savoir-vivre ont ceci de particulier qu'ils semblent ne s'adresser qu'à une minorité qui aurait pour ambition de singer les mœurs des gens de la haute. À croire que savoir-vivre rimerait avec oisiveté. Il faudrait passer toute la journée à changer de vêtement pour être dans le ton. Non, mesdames les baronnes, les gens chic vont au turbin comme tout le monde et n'ont pas le temps de se pomponner à tout instant. Aujourd'hui, les femmes travaillent, participent aux frais du ménage. C'est pourquoi, homme ou femme, on ne peut pas être sur son trente-et-un en permanence. Suivant sa position sociale et le type d'activité, on doit adapter sa garde-robe. À chaque métier, une tenue. Si on est boucher-charcutier de son état ou encore éboueur, l'usage du costume-cravate s'avérera inutile, sauf dans les grandes occasions, mariage, baptême du petit, enterrement de la belle-mère et, pourquoi pas, le sien.

Il fut un temps où être riche signifiait ne rien faire, donc s'ennuyer à mourir. Afin de passer le temps, on s'habillait et se déshabillait plusieurs fois par jour. On ne peut s'empêcher d'évoquer le calvaire des femmes engoncées dans des gaines qui les torturaient ou encore des hommes qui devaient porter des cols durs leur raidissant la tête. Qui n'a jamais porté un habit ne connaît pas cette sorte d'enfer, car il faut bien une demi-heure sinon plus pour l'enfiler ! Évidemment, on ne retrouve jamais les boutons de manchette, ceux du plastron manquent toujours à l'appel et votre col dur mal fixé vous scie le cou. Aujourd'hui, il est impératif d'être à l'aise et particulièrement d'être pratique. Imaginons un moment que vous soyez un très bel homme (ce n'est pas mon cas) qui se rend à un bal vêtu d'un habit. Supposons alors que vous y rencontriez une belle qui porterait une ravissante robe d'un grand couturier fixée par moult agrafes et fermetures occultes. Lui ayant fait quelques frais vous la ramènerez chez vous pour la consommer et là vous perdrez tous vos moyens. Le temps de détacher votre col, de déboutonner votre gilet puis le plastron, de libérer votre chemise qui, elle aussi, sera attachée au pantalon, de ranger soigneusement les fameux boutons pour ne pas les perdre, la belle aura commencé à s'impatienter. Ensuite, il faudra l'éplucher en tentant de trouver les agrafes qui résisteront, et bien faire attention à ne pas déchirer ni froisser le précieux vêtement. Enfin prêt, vous aurez perdu toute votre énergie et serez incapable de quoi que ce soit.

Si vous êtes malin, vous pourrez, avec une garde-robe réduite à un seul costume, affronter toutes les circonstances de la vie en société. Vêtu d'un costume sombre, et en variant la couleur de vos chemises et de vos cravates, vous passerez partout, d'un mariage à un enterrement, d'un entretien d'embauche à un cocktail. Il y a pourtant des événements dans la vie qui demandent un certain décorum, où un certain type de vêtement s'impose. Comment vous en tirer à bon compte ? Vous commencez à être lancé dans le monde et il vous arrive de plus en plus souvent d'être sollicité par des amis qui vous invitent à des sauteries. Un jour, vous recevez un joli bristol sur lequel il est indiqué que le port de la cravate noire est exigé. Comme vous êtes un tant soit peu informé sur la chose, vous savez que la mention « cravate noire exigée » signifie que vous êtes instamment prié de vous pointer chez vos amis en smoking. Catastrophe ! le vôtre est miteux ou encore vous n'en avez pas. Bien que fauché, vous mourez d'envie d'aller vous goberger de petits fours. Plusieurs solutions s'offrent à vous :

1. Appelez vos amis s'ils sont assez proches, dites-leur que vous seriez ravi d'accepter leur invitation, mais que votre smoking ne vous va plus, vu la bedaine que vous avez prise depuis deux ans. Immanquablement, vos amphitryons s'empresseront de vous dire qu'importe le smoking, c'est votre présence qu'ils désirent avant tout. Ouf ! Vous êtes sauvé.

2. Vous êtes en fonds, alors précipitez-vous chez un soldeur et achetez le premier smoking venu. Il vous coûtera à peine plus qu'une location et il pourra vous resservir.

3. Ce ne sont pas des amis proches, de toute façon ils n'ont rien à exiger de vous. Vous vous pointez en costume sombre, un point c'est tout.

4. Vous êtes un artiste. Vous vous êtes forgé un look dont vous ne vous défaites jamais. Si on vous invite, c'est qu'on veut vous voir comme vous êtes avec votre invariable veston noir et votre col Mao. Vous vous pointez vêtu comme vous êtes toujours.

5. Autre solution, vous arrivez en costume de ville et vous glissez à la maîtresse de maison une petite phrase du genre : « Excusez-moi, mais je suis sorti très tard du bureau et je n'ai pas eu le temps de rentrer chez moi pour me changer ».

Dernier conseil, ne portez jamais de veste de smoking blanc, elle risquerait de vous faire passer pour un serveur.

Une autre catastrophe vous guette, celle d'être choisi comme témoin à un mariage chic. Difficile d'échapper à la jaquette. Location entre neuf cents et douze cents francs. Là aussi vous pouvez la jouer malin :

1. Prenez votre calepin et téléphonez à des copains du même gabarit que vous, pour qu'ils vous prêtent la jaquette.

2. Si on vous choisit comme témoin, c'est qu'on vous aime bien. Dites à vos amis que vous ne pouvez pas faire les frais du costume. Soit ils s'en chargeront, soit ils vous choisiront pour la mairie où il est admis que Marianne n'a pas besoin du même décorum que l'Église. Ou bien encore on vous accepte en simple costume, et tout va bien.

3. Plutôt que de louer un habit, achetez-le d'occasion. Tous les loueurs d'habit finissent un jour ou l'autre par vendre leur stock. Coût de l'opération, à peu près égal à une location, avec la satisfaction de penser que vous pourrez à votre tour la refiler à d'autres amis.

Il y a des moments dans la vie où il faut savoir que l'élégance affichée peut être salvatrice ou dangereuse. Avec votre banquier, mieux vaut être bien vêtu si vous allez négocier un crédit. Ça le rassurera. Lors d'un entretien d'embauche, même chose, car tout doit être mis en œuvre pour séduire le directeur ou la directrice du personnel. *A contrario*, si le poste qui vous est offert n'est pas très bien payé, il n'est pas très diplomate de montrer que vous avez des goûts de luxe, donc que le salaire qu'on vous propose risque de ne pas vous convenir.

Faire vos courses à Barbès en manteau de fourrure ou en costume complet peut vous conduire à l'hôpital sans que vous ayez eu le temps de réaliser ce qui vous arrive. Certaines destinations exotiques demandent qu'on arbore des tenues de camouflage. Bien entendu, avec le fisc, il est impératif de porter des haillons pour ne pas éveiller les soupçons de votre percepteur.

Passons maintenant aux accessoires pour l'homme et pour la femme.

Canne et parapluie : indispensable pour Monsieur, quel que soit l'âge. Ce sont des outils qui feront de vous une personne crainte et respectée. Canne menaçante ou rotor. Parapluie ruisselant éclaboussant les passants qui vous éviteront pour ne pas être éborgnés au passage par la ponte acérée des baleines. Parfait pour inonder la moquette de vos ennemis.

Chaussures : il est amusant de constater combien les hommes attachent d'importance à leurs extrémités. La chaussure est incontestablement un signe extérieur de richesse. Que ce soit dans les couches les plus modestes de la société ou les plus aisées, le pied fait l'homme et la situation (voir les bottines d'un ancien président du Conseil constitutionnel). L'idéal serait d'avoir au moins deux paires de chaussures : celle de tous les jours et celle des grandes occases. La première paire sera celle que vous aurez choisi de sacrifier aux agressions de la rue et au train-train quotidien. Comme vous êtes radin, vous aurez choisi des godillots à semelles renforcées. Malgré la paresse qui vous caractérise, vous vous astreindrez à la pénible tâche du cirage, qui a la vertu de prolonger la vie du cuir. L'autre paire, celle des grandes occases, c'est celle qui vous servira en représentation. C'est une paire de chaussures de ville en cuir noir qui peut se porter avec n'importe quoi. Pas la peine de la cirer quotidiennement puisque vous la portez rarement. S'il vous prend l'envie d'assister à une garden-party, sachez qu'il ne servira à rien d'y aller avec des chaussures cirées. Aussitôt que vous aurez foulé l'herbe ou le gravier, vos belles chaussures seront immédiatement salies. Une vieille paire usée fera l'affaire.

Cravate : accessoire magique, elle est capable de vous métamorphoser un vieux costume. Sobre pour le travail, chatoyante pour le soir, noire pour le deuil, elle fera passer votre unique complet, à condition de choisir une chemise qui vous sied.

Mouchoir et pochette : en ce qui concerne la pochette, le clan des puristes estime qu'elle ne doit jamais être du même coloris que la cravate. De toute façon, moquez-vous de ce que les gens pensent. Faites comme bon vous semble et souvenez-vous que la pochette comme le mouchoir sont très utiles pour s'éponger le front, s'essuyer les mains et nettoyer ses lunettes. On ne se mouche jamais dans un mouchoir, au risque d'en faire un foyer de germes. On utilise des mouchoirs en papier. Lorsqu'une grippe vous terrasse, ayez toujours sous la main un rouleau de papier-toilette, il n'y a pas mieux pour se dégager les sinus.

Bijoux : les seuls bijoux qu'un homme saurait porter sont ceux dits « de famille ». Rien ne sert de se parer de mille et une babioles. Les gourmettes ne servent qu'à identifier un cadavre mutilé sur un champ de bataille ou éventuellement à vous souvenir que votre prénom est bien Charles et non Hector. Les chaînettes autour du cou ne feront que vous irriter la peau et exaspéreront votre partenaire dans les moments intimes. La chevalière qui jadis servait à sceller le courrier ne sert plus à rien depuis qu'on utilise des enveloppes pré-collées, et l'alliance peut vous entraver dans des démarches de séduction. Pour les femmes, moins elles auront de bijoux, mieux ce sera. Il ne faut jamais tenter le diable. Un diadème, un solitaire, une rivière de diamants, vont attiser la jalousie et l'envie. Combien de rombières rentrant d'une soirée se sont fait dévaliser par des braqueurs ? On préférera les imitations. Il vaut mieux avoir un paquet d'actions ou un studio qui rapporte, qu'une broche démodée qui ne sert à rien.

Les parfums : ils peuvent devenir terrifiants pour l'entourage. Imaginez-vous attablé à un grand dîner entre un homme qui s'est douché avec *Habit rouge* de Guerlain et une femme qui s'est aspergée de *Shalimar*. Si vous tenez jusqu'au plat principal, c'est un miracle.

Les gants : maudits par définition. On les perd systématiquement.

5

À L'EXTÉRIEUR

Dans la rue : les anciens manuels de savoir-vivre sont très stricts quant à la tenue que tout un chacun devrait adopter dans la rue. Le port parfait, l'allure modérée, le pas mesuré. C'est bien gentil, mais c'est oublier que le danger est omniprésent dans la rue et que sortir de chez soi pour aller à la boulangerie relève du parcours du combattant. On doit donc être vigilant à chaque instant et évoluer sur la voie publique comme un Sioux sur le sentier de la guerre.

Ce matin, au réveil, l'idée saugrenue de manger des croissants pur beurre vous vient, disons plutôt qu'elle vient à votre compagne de la nuit. Rapidement, vous enfilez vos vêtements, vous allez chercher votre porte-monnaie et sur le seuil de la porte vous criez à votre amie : « Chérie, je file vite, je reviens dans un instant. » Je reviens ? Pas si sûr. Tu vas voir mon gaillard ! Encore sous le coup d'une soirée et d'une nuit agitées, vous n'êtes pas très bien réveillé, mais suffisamment pour vous prémunir contre quelques embarras qui risquent de vous surprendre entre le seuil de votre maison et la boulangerie. En sortant de votre immeuble, un rapide coup d'œil sur le trottoir vous permet d'éviter de marcher sur la crotte de chien quotidiennement déposée là par le canidé de votre voisine. Après l'avoir enjambée, vous voici dans la rue en quête de croissants. Quelle idée de vouloir des croissants alors que vous aviez à la maison tout ce qu'il fallait pour le petit déjeuner ! Exaspéré par les caprices de votre amie, au premier croisement vous n'aurez pas entendu venir les garnements qui courent comme des fous et qui vous rentrent dedans. À peine vous êtes-vous remis d'un choc latéral qu'ils sont déjà loin. Si vous vous attendiez à des excuses, vous êtes naïf. Premier carrefour à traverser : tout va bien, les voitures s'arrêtent au feu rouge pour vous laisser passer. Malheureusement, le trottoir d'en face est encombré par une foule de piétons. Devant vous, une énorme dame promène son énorme chien et derrière vous, une ménagère avec son Caddie se rend au marché. Comme l'énorme dame prend toute la place et marche lentement pour que le toutou renifle à son aise les bonnes odeurs, vous ne pouvez la doubler, car des voitures garées sur le trottoir vous en empêchent. Derrière vous, on s'impatiente et on vous le fait sentir par des petits coups de Caddie dans les mollets. Enfin un passage entre deux voitures, vous allez pouvoir vous faufiler pour doubler la grosse dame. Vous arrivez sur la chaussée. Un cycliste vous évite de peu en vous abreuvant d'insultes. La boulangerie est encore à cinquante mètres. Il vous suffit pour l'atteindre de traverser un chantier de voirie. Ouf ! Vous arrivez sain et sauf dans la boutique où devisent la vendeuse et une cliente à propos de la pluie ou du beau temps. Elles se perdent en palabres pendant que vous patientez avec calme. Finalement, on daigne vous demander ce que vous voulez.

– Et pour le monsieur, ce sera ?

Sur quoi vous répondez d'un ton goguenard :

– Pour le monsieur, ce sera quatre croissants au beurre.

Nanti de ce précieux colis, vous sortez et vous arrêtez quelques secondes sur le pas de la boutique pour ranger dans votre poche encombrée votre porte-monnaie. C'est là que le drame se produit. Sur le trottoir, à une dizaine de mètres, un patineur inexpérimenté fonce droit sur vous. Face au danger, vous restez tétanisé, et pan !... c'est le choc. Vous reprenez conscience cinq minutes plus tard, allongé sur le sol de la boulangerie. Toute une foule de badauds vous regarde agoniser.

Afin d'éviter ces petits désagréments de la rue, il faut adopter quelques stratégies défensives. Avec les chiens mal élevés, plusieurs tactiques existent pour qu'ils évitent de souiller l'entrée de votre immeuble. Si vous connaissez le propriétaire du chien, guettez-le quand, le matin, il vient promener son toutou devant votre immeuble. Au moment fatidique, sortez soudainement en aboyant férocement alors que le chien est accroupi pour commettre son forfait. Affolée et en position d'infériorité, même si c'est un pitbull, la pauvre bête s'enfuira en tirant son maître par la laisse. Comme les chiens ont une très bonne mémoire, plus jamais celui-là n'osera se soulager devant votre immeuble. Autre tactique à adopter : repérez l'adresse du maître et déposez une grosse crotte devant sa porte. Au bout de deux ou trois jours, il comprendra. La solution qui consiste à enduire de produit répulsif le trottoir peut être retenue, mais elle demande à être quotidiennement effectuée. En cas de rupture de stock, du poivre moulu savamment répandu sur le trottoir fera l'affaire. Autre méthode pour habituer les propriétaires de chiens à ne pas polluer la ville : regardez-les avec un air amusé, voire hilare, lorsque leur chien est en pleine action. De la sorte, ils comprendront le ridicule de la situation.

Avec les voitures, il est moins aisé de se défendre, mais à cœur vaillant rien d'impossible. Une voiture mal garée peut vous gêner et particulièrement si elle est juste devant chez vous, sur un bateau, et bloque le passage. Pour se venger, plusieurs méthodes. La première consiste à immédiatement appeler la fourrière. Ça, mon vieux, tu l'as cherché ! La deuxième est d'appeler une de ces charmantes contractuelles pour lui indiquer où se trouve l'objet du délit. Trop contente d'atteindre son quota d'amendes, elle verbalisera avec joie. Troisième solution, à ne mettre en pratique que la nuit : se venger personnellement. Soit en collant sur le pare-brise un de ces énormes autocollants représentant un signal d'interdiction de stationner. Vous aurez l'immense satisfaction d'imaginer le propriétaire du véhicule s'acharnant sur votre autocollant qui résiste à tout, même à l'éther. Soit, plus radicalement, en dégonflant les pneus. Surtout pas un, à cause de la roue de secours, mais deux au moins, trois au mieux, ou quatre juste pour le *fun* et finir le travail. Forcé de se faire dépanner, il se méfiera quand il se garera devant chez vous.

Pour les voitures en mouvement, c'est plus dangereux. On sait qu'il ne faut jamais traverser une rue lorsque le feu passe de l'orange au rouge, on doit attendre l'arrêt complet des voitures. Mais comment faire pour passer d'un trottoir à l'autre quand il n'y a pas de feu ? Attendre qu'une voiture daigne s'arrêter ? Vous risquez d'attendre longtemps. Alors, dans ce cas précis, il faut traverser quoi qu'il arrive. D'abord pénétrez sur la chaussée, lentement, puis faites le signe de stopper aux voitures qui arrivent en face de vous. Celles-ci seront dans l'obligation de s'arrêter. Là, prenez tout votre temps, en saluant les aimables conducteurs qui vous ont cédé le passage.

La manche : le chômage baisse, les trente-cinq heures vont créer de nouveaux emplois, les entreprises font de substantiels bénéfices, bref, tout va (presque) pour le mieux dans le meilleur des mondes. Pourtant, phénomène étrange, le nombre de mendiants ne paraît pas baisser. Pas un jour, pas une heure, sans que vous ne soyez sollicité de toute part. Comme vous êtes profondément bon et charitable, vous craquez de temps à autre en vous délestant de quelques francs, histoire de vous donner bonne conscience. On ne saurait passer sa vie à arroser certains mendiants qui font de leur état un métier. On doit alors faire la distinction entre le SDF, qu'une pièce peut vraiment aider, et le mendiant professionnel. Ce dernier est un pro de l'argumentaire commercial, il connaît vos points faibles. Ses propos sont invariablement les mêmes : « Je sors de prison, j'ai le sida, j'ai trois enfants à charge, mon mari me bat, mon chien est alcoolique, j'ai faim, etc. » Alors défendez-vous ! Et apprenez à dire non. Comme vous êtes pauvre, vous aussi, mettez votre argumentaire au point.

Les Roumaines qui exhibent des enfants en bas âge, souvenez-vous qu'elles rapportent à leurs souteneurs aux environs de mille francs par jour. Lorsqu'elles s'attaquent à vous en gémissant et en vous suppliant lamentablement dans un français approximatif, restez de marbre. Prenez l'air méchant et dites fermement non. Elles insistent : encore non ! Toujours agrippées à vos basques ? La menace suprême, qu'elles comprennent parfaitement : « Attention ! Si vous continuez, j'appelle la police ». En principe, elles vous laissent immédiatement tomber.

Le mendiant du quartier, celui qui est à son poste dès 8 heures du matin et qui fait ses trente-cinq heures, dites-vous qu'il est RMiste et qu'il touche une allocation logement. C'est vrai que c'est un sage des temps modernes qui a compris qu'il gagne plus à faire la manche qu'à pointer chez Renault. Mais rappelez-vous que cet argent est indûment gagné et ne sera jamais déclaré au fisc. Si de surcroît il est alcoolique, ne rien lui donner est un acte de charité. Vous lui éviterez une cirrhose du foie.

Avec les mendiants qui arborent une petite pancarte où il est inscrit « J'ai faim ! » : pas de problème… Donnez-leur un sandwich, vous verrez la tête qu'ils vous feront.

Avec les casse-pieds qui vous alpaguent dans la rue en vous demandant si vous n'avez pas dix balles et en vous racontant des histoires insensées, prenez un air dépité, compatissant, et sortez-leur une phrase bien sentie du genre : « Je vous comprends, mais je ne peux pas vous aider, car moi aussi je suis SDF ». Ou encore : « Mon pauvre ami, j'aurais bien voulu vous venir en aide, mais comprenez-moi, je sors juste de chez le percepteur à qui j'ai dû régler mon ISF ».

Il est entendu qu'il n'y a pas, hélas, que des aigrefins, mais on ne peut soutenir toute la misère du monde. Il existe toutefois des moyens efficaces d'aider utilement son prochain sans bourse délier. Ayez toujours sur vous la liste des organismes caritatifs de votre ville et donnez-la aux solliciteurs. Des professionnels seront bien plus aptes que vous à leur offrir une chance de s'en sortir.

Chez les commerçants : bien décidé à survivre dans une société qui n'a d'autre ambition que de vous voir succomber, vous avez choisi de relever la tête en faisant votre petit

Mai 1968 personnel. Non, vous n'êtes pas un mouton de Panurge, non, vous n'êtes pas un consommateur, vous êtes avant tout un être humain qui a certes des besoins, mais qui sait résister à la tentation parce qu'il n'est plus une victime consentante.

Les insomniaques ont sûrement pu voir à la télévision des émissions nocturnes qui sont des chefs-d'œuvre de drôlerie, j'entends les programmes consacrés au téléachat. Pour ceux qui n'ont pas eu le bonheur de les regarder, je campe le décor. Un couple de présentateurs, bien entendu jeunes et beaux, est sur le plateau pour vous vanter les mérites de tel ou tel produit miracle. Les arguments déployés pour vous embobiner sont invariablement les mêmes : « En devenant propriétaire de cet épluche-légumes, vous serez la plus belle, Madame, et avec tout le temps et l'argent gagnés sur la corvée de patates, vous pourrez faire l'amour avec votre mari. Ainsi votre couple sera d'autant plus rayonnant, ce qui rendra vos amies folles de jalousie ».

Le message est bien passé : « T'es vraiment une gourde ma fille, comment as-tu pu vivre quarante-cinq ans sans épluche-légumes ? Avec lui tu seras belle, car moins fatiguée, tu deviendras riche, tes copines crèveront de jalousie et tu feras bien mieux l'amour à ton jules. Vite, commande en ligne, dans deux jours tu auras le monde à tes pieds ». Si on se borne à une analyse succincte des méthodes de ces bonimenteurs, l'argumentaire est facilement décortiqué : il vise à titiller les sentiments les plus élémentaires.

Les non-consommateurs que nous sommes, en regardant ce genre d'émission, n'auront pas perçu de la même façon le discours de nos chers télévendeurs. Ils auront entendu un tout autre message : « Hé ! Gogo ! regarde comme tu es bête ! Je vais te faire croire que cet objet inutile te rendra la vie plus agréable, alors qu'il est là pour te la rendre infernale. C'est tes sous qu'on veut, pas ton bonheur. De toute façon, tu n'es qu'un méprisable imbécile. »

Vous savez maintenant à quel camp vous appartenez, non pas celui des collaborateurs, mais celui des résistants. Il faut vous imposer des règles et ne pas en démordre. Surtout, faire fi des achats festifs en vous souvenant de certains principes : Noël n'est pas la fête du père Noël, des dindes grasses, des chapons, du foie gras et du caviar, c'est le jour anniversaire de l'Enfant Jésus. À trop bouffer, on en attrape des crises de foie monstrueuses. À la Saint-Valentin, nul n'est tenu de faire des cadeaux à son amie de cœur. C'est un coup monté des bijoutiers, faites l'amour, c'est mieux et moins cher. La Saint-Patrick est une fête irlandaise. Est-ce que les Irlandais fêtent le 14 Juillet ? Non ! Alors ?! Pâques n'est pas la fête des cloches et du chocolat, c'est la commémoration de la résurrection du Christ où l'on peut éventuellement se taper un gigot d'agneau. La fête des Mères est une invention de Pétain. On abhorre le régime de Vichy. Et, puisqu'on ne fête pas les mères, on ne fête pas non plus les pères, au nom de l'égalité des sexes. Halloween est une importation américaine qui vise à terroriser nos chères têtes blondes et à nous faire croire que la citrouille est un légume comestible. *U.S. go home !*

Vous voilà prévenu, donc armé pour partir en chasse et procéder à vos achats en connaissance de cause. Il ne faut pas tenter le diable en fréquentant les grandes surfaces, car c'est une idée saugrenue que de croire que les grandes surfaces sont plus économiques que les petits commerces. Ces derniers ont la vertu d'être moins bien armés pour vous tenter. De plus, un petit commerçant, pour survivre, doit tout mettre en œuvre pour garder sa clientèle. S'il est plus cher que ses grandes sœurs, c'est tant mieux : vous achèterez le strict minimum. Votre vendeur vous connaît, vous aime bien et vous sert du mieux qu'il peut. Pour lui, vous n'êtes pas un anonyme. Votre boucher vous sert de la vache dont il connaît la provenance et le poissonnier vous réserve ses meilleures pièces. Il vaut mieux mettre le prix pour avoir de la qualité.

Cependant, plus personne ne peut aujourd'hui faire tous ses achats chez les petits commerçants. De temps à autre, on est plus ou moins obligé de se commettre dans un de ces temples bachiques que sont les super- ou hypermarchés. Faire son marché dans les allées d'une grande surface, c'est remonter la rue Saint-Denis un soir à minuit. Ici, ce n'est plus une dame qui vous alpague, mais un paquet de céréales qui vous susurre à l'oreille : « Alors tu montes, chéri ? » Et vous de lui répondre : « C'est combien ? » Non ! Décidément, ce n'est pas votre genre.

Faire vos courses dans un supermarché demande une préparation psychologique, et aussi physique. Vous devez toujours rester zen pour ne pas tomber dans le panneau. Un peu de yoga ou quelques inspirations avant de franchir le seuil du magasin, et hop ! on y va.

Un Caddie, il vous faut un Caddie et, bien entendu, il n'y en a plus. Si, juste un, mais une pièce de dix francs est nécessaire pour le décrocher. Pas de pièce ? Si, car vous avez toujours sur vous une fausse pièce dévolue à cet emploi. Bon, on y va.

Rayon des fruits et légumes : on est en hiver, donc on n'achète ni cerises (à cent vingt francs le kilo) ni de pêches ou de prunes du Chili. De toute façon, on n'achète pas de fruits dans ce type d'établissement. Ils ne sont jamais murs et on n'a jamais vu un brugnon mûrir autrement que sur un arbre. On achète toujours des fruits et légumes de saison, et si on est tenté de craquer pour des fraises en hiver, tant pis, on attendra le printemps !

Les légumes sont trop beaux pour être véritables, tomates luisantes et d'un rouge parfait, poivrons cirés comme pour aller à une revue, navets calibrés au centimètre près. Méfiance, il y a du génétiquement modifié dans l'air. En fait, la sagesse vous a toujours incité à acheter les produits frais sur un marché découvert.

Rayon des produits laitiers : vous êtes accompagné par vos enfants. Alors que vous comparez les prix avec une minutie d'abeille, les petits morveux programmés par des spots télé pour vous faire consommer commencent à se précipiter sur la marque phare de yogourts à la fraise. Justement la plus chère, alors que les autres sont à un prix bien plus abordable. Or vous, vous savez que les deux produits se valent puisqu'ils sortent de la même usine. Vous imposez votre choix à votre progéniture qui commence à vous faire tête. « Non ! C'est celui-là que je veux ! Pas l'autre ! » Vous de leur rappeler gentiment : « C'est moi qui décide et si ça ne vous plaît pas, c'est le même prix. » Rien n'y fait.

Rayon épicerie : exercice de style. Debout sur la pointe des pieds pour atteindre le paquet de riz qui se niche tout en haut des rayons. Génuflexions pour ramasser les conserves de légumes qui se trouvent au ras du sol et qui sortent des mêmes hortillonnages que celles estampillées Daucy ou Cassegrain.

Tout ce qui est placé à la hauteur des yeux n'a aucun intérêt pour vous. Tête de gondoles en vue. On va voir, on ne sait jamais. C'est quoi aujourd'hui ? Quatre boîtes de cassoulet au confit de canard pour le prix d'une ! Date de péremption ? Demain ! De toute façon, personne n'aime le cassoulet à la maison. Mais que voit-on, une promo sur les sardines à l'huile ? On ne rêve pas ! C'est l'affaire du siècle ! Enfin le Caddie se remplit ! On en prend une dizaine de boîtes ! Ça se conserve indéfiniment !

Les courses se terminent et vos enfants sont en larmes. La prochaine fois, vous vous rappellerez qu'il est moins onéreux de louer les services d'un baby-sitter que d'emmener vos enfants.

La caisse ! On respire en profondeur et on choisit une file, la moins longue possible, avec des clients qui ont des Caddie presque vides. Une petite vieille vous précède dans la file, et c'est à son tour de faire enregistrer ses achats. Vous regardez avec pitié ses courses, un yaourt, une boîte à chat, une banane et du jambon sous plastique. Comme c'est triste, la vieillesse… Mais comme c'est exaspérant les vieux ! Parce que la vieille dame prend son temps… Habituée de cet hyper où elle passe ses journées, elle commence à demander des nouvelles de la fille de la caissière puis, lorsque cette dernière lui annonce le montant de ses achats, la main tremblante, elle sort son porte-monnaie et demande d'une voix chevrotante : « C'est combien ? » Elle semble éprouver une douleur aiguë lorsqu'elle tire quelques piécettes de sa modeste bourse pour régler son dû. C'est à vous, enfin ! La caissière commence à ramasser avec une célérité incroyable vos achats pour les passer au scanner. Mais la vieille est encore là en train de remplir son sac en plastique. « Y a pas le feu ! On prend son temps et on me laisse ranger à mon rythme. » La vieille en a profité pour subtiliser dans la confusion un ou deux de vos achats. Tant pis pour vous. Soudain, la caissière arrête de comptabiliser vos dépenses. L'air hébété, avec à la main un sachet plastique contenant un avocat, le seul mûr qui restait, elle vous demande :

– Vous ne l'avez pas pesé ?

– C'est vendu à l'unité !

– Oui, mais combien ? Ils ne sont pas référencés ce matin.

Tant pis, vous le lui laissez, après tout il n'était pas si mûr que ça.

Enfin vous rentrez chez vous pour ranger vos achats et là vous vous apercevez que vous avez acheté des produits que vos garnements ont insidieusement glissés dans votre Caddie lors d'un moment d'inattention. C'est décidé, plus jamais d'hyper avec les enfants !

Au restaurant : fréquenter de temps à autre les restaurants est agréable. Nul besoin de faire de courses, de cuisine, de dresser la table et de faire la vaisselle. C'est encore plus agréable lorsqu'on vous y invite. Comme vous êtes une personne bien élevée, vous ne commanderez que les plats les moins chers, sauf, bien sûr, si c'est aux frais de votre employeur ou de votre banquier.

Vous savez que certains restaurants sont à éviter absolument, car ils ne sauront vous sustenter que frugalement. J'entends par là les restaurants japonais et la cantine des palaces. Ces derniers, qui se veulent à la pointe du bon goût, déprimeront le plus jovial des lurons. Payer cent cinquante francs une vulgaire laitue, quinze cents francs un ris de veau aux morilles et deux mille cinq cents francs une bouteille de 13° peut être amusant pour certains, mais beaucoup moins pour d'autres qui ne comprendront jamais comment on peut claquer autant d'argent, alors qu'avec la même somme on peut faire le tour du monde ou nourrir durant six mois un village du Sahel ! Même si vous êtes affamé, un steak frites à six cents francs passe difficilement, y compris chez certains milliardaires. La seule chose amusante dans ces auberges de luxe, c'est le menu. Si les prix annoncés vous glacent le sang, reportez-vous à l'intitulé des plats proposés. Ça décontracte et ça montre combien les cuisiniers savent transformer une simple salade de tomates en « émincé de pommes d'or ». Une ratatouille devient un « sauté de légumes du soleil » ; un filet de cabillaud-purée prendra le joli nom de « filet de morue fraîche et sa parmentière » ; les carottes râpées seront une « chiffonnade de délices du lapin » ; une laitue, « un refuge des escargots » ; des pommes de terre, le « régal des doryphores », etc. On constate aussi que les viandes sortent toujours en couple. Elles sont accompagnées de légumes. On associe toujours un faux-filet sauce au poivre vert avec sa farandole de légumes en folie. De plus, on réhabilite des produits qui, jadis, ne figuraient qu'au menu des plus pauvres. Les topinambours se sont acheté une nouvelle virginité en devenant des artichauts de Jérusalem, comme les rutabagas, légumes de guerre qui reviennent à la mode. La morue fait un retour remarqué, ainsi que la polenta ou les pâtes qu'on cuisine à toutes les sauces. Après avoir assidûment fréquenté ce genre de restaurants, vous avez appris qu'on en sort toujours affamé tant les portions sont congrues. Ceux qui aiment la très bonne cuisine, chaleureuse et qui tient bien au corps, ont leurs adresses. Si vous êtes dans une ville française et que vous ne savez pas où on peut bien manger à prix raisonnable, pas de problème. Repérez un chantier, un peu avant l'heure du déjeuner, attendez, puis suivez les ouvriers qui partent casser la graine. À coup sûr, ils vous conduiront dans une de ces tavernes où on sert de vraies portions, où la blanquette à l'ancienne vous rappellera la bonne cuisine de votre grand-mère. Les routiers ont aussi de très bonnes tables, il ne faut pas l'oublier.

En bus et en métro : comme vous êtes bien décidé à ne jamais être entravé dans vos déplacements, vous avez vite compris que la voiture en ville n'était pas faite pour vous. Vous devenez donc un farouche adepte des transports en commun. Plus besoin de se lever le matin pour recharger l'horodateur ; fini les crises d'hystérie dans les embouteillages et les recherches désespérées d'une place de parking… Vous êtes un usager modèle qui sait profiter du métro et du bus sans stresser.

Vous avez quelques principes qui vous aident à voyager le mieux du monde et avec un maximum de confort. La première de ces règles est qu'il ne faut jamais courir pour essayer d'attraper son bus. C'est fatigant, ça vous fait transpirer et en général vous le ratez quand même. Le bus arrive mais vous êtes encore loin de l'arrêt ? Eh bien le bus arrive, vous ne pourrez pas monter dedans, ce n'est pas grave, vous prendrez le suivant. En l'attendant, vous lirez quelques pages du roman qui vous suit partout.

Les personnes très bien élevées (c'est-à-dire quasiment personne) se font un point d'honneur de céder leur place aux gens âgés, aux invalides ou encore aux femmes enceintes. Il vous arrive pourtant d'être las et de vouloir être assis en bus ou en métro, sans pour autant passer pour un mufle. Il existe quelques parades pour occuper une place assise avec bonne conscience. L'une d'elles consiste à occuper, si elle est libre, la place qui se trouve juste derrière le siège du conducteur, soit près de l'entrée du bus. Les usagers sont toujours invités à aller vers le fond du bus, vous n'aurez donc pas à subir le regard suppliant d'une vieille dame. Pas de chance ! les places libres sont au fond… À la station Sèvres-Babylone, une horde de bourgeoises va prendre d'assaut le bus et il faudra vous lever.

Feignez un malaise, affectez un air mourant. Prises de pitié, elles n'oseront pas vous en vouloir. Et si vous n'avez pas trouvé de place, il y a gros à parier qu'une bonne âme vous laissera la sienne.

En train : à la différence du bus ou du métro, les trajets en train sont souvent longs, ce qui signifie que vous devez supporter la présence des voyageurs durant plusieurs heures. Dès qu'on pénètre dans un compartiment, on devient l'acteur involontaire d'un huis clos. Un exemple : deux soldats qui partent en permission, une fermière qui revient d'une foire à la volaille, une mère de famille avec son fils âgé de quatre ans et vous. Le drame peut commencer. Les militaires ouvrent les hostilités avec quelques plaisanteries graveleuses dont les sujets sont, bien entendu, situés au-dessous de la ceinture. Ils partent d'un éclat de rire sonore. La mère de famille se plaint, car il faut épargner les chastes oreilles de son fiston. Ils se calment un peu et, posant les pieds sur la banquette, devisent sur les gaietés de l'escadron. La fermière, on ne sait pourquoi, s'adresse à vous en se lamentant au sujet de la hausse des cours de la dinde. Pour elle, rien ne va plus. Dans le temps, c'était plus facile… Aimable, vous vous sentez obligé d'acquiescer et vous voici devisant sur l'élevage des poulets en batterie et de la culture des topinambours, sujets qui vous rasent et que vous maîtrisez mal. C'est là qu'intervient l'enfant qui, s'ennuyant, devient turbulent. Sautant dans tous les sens, il renverse le sac d'un des militaires. Sa mère le réprimande et le gifle. Catastrophe ! il se met à hurler. Vos oreilles n'en peuvent plus. Calmé, il réclame sa pitance. Moment atroce où tout le monde sort son frichti. En l'espace de quelques minutes, une horrible odeur de sandwichs au pâté et au saucisson à l'ail envahit le compartiment.

La nausée vous prend. Dieu merci, votre gare approche, encore quelques minutes et vous retrouverez la civilisation.

Afin d'éviter ces désagréments, vous avez pris des résolutions drastiques vis-à-vis de la SNCF. D'abord, ne jamais prendre le train les jours de grands départs. Ensuite, cesser de vous conduire comme un imbécile heureux en payant – vous étiez le seul – votre billet plein pot. N'ayant rien compris aux abonnements, aux zones bleu-blanc-rouge, voici plus de vingt ans que vous vous faisiez avoir. Vous voyagerez à la carte : puisque la SNCF propose des réductions aux couples, quelle que soit leur composition, vous vous porterez acquéreur d'une carte pour couple. Avant de prendre votre billet, vous lancerez une petite annonce afin de recruter un voyageur esseulé qui se trouve avoir la même destination et vous achèterez vos billets ensemble. Peu importe qu'il soit du même sexe que vous, qu'il ait l'âge d'être un de vos grands-parents, vous vous fichez de ce que le guichetier pense. Ou encore, pour avoir la paix, vous monterez dans le train un peu à l'avance, choisirez un compartiment vide et tirerez les rideaux. Avec un peu de chance, personne ne viendra vous déranger.

Encore une remarque importante, il existe souvent une alternative moins onéreuse que la SNCF : le car, l'avion. Un Paris-Lisbonne A.-R. par la voie des airs coûte deux fois moins cher que le train et est dix fois plus rapide.

En avion : beaucoup d'hypocrites prétendent ne pas avoir peur en avion. On a beau rappeler qu'il est le moyen le plus sûr de voyager, l'idée de se savoir à plusieurs kilomètres d'altitude, loin du plancher des vaches et aux bons soins d'un pilote qui est peut-être ivre, n'est pas rassurante. Dès qu'on met les pieds dans ce type d'engin, on ne peut s'empêcher de penser que sa vie ne tient qu'à un fil et qu'une catastrophe aérienne est toujours possible. La peur panique qui vous habite doit être cachée, car un homme qui a du savoir-vivre ne saurait dévoiler ses angoisses. Quelques calmants, un bon verre de whisky, ou deux, feront l'affaire pour vous relaxer. En cas d'intempéries, ne hurlez pas, fixez du regard les hôtesses et les stewards qui ont des milliers d'heures de vol derrière eux et qui sont coutumiers de ce genre de désagrément. S'ils demeurent souriants et décontractés, vous pouvez vous rassurer, tout va bien, ils ont vu pire. Par contre, s'ils affichent une mine anxieuse, respirez calmement et commencez à réciter vos prières si vous croyez au Ciel. Un moteur en feu à huit mille mètres d'altitude, ça ne pardonne pas. Dans ce cas, détendez-vous : puisqu'il faut mourir un jour, que ce soit maintenant ou dans dix ans… quand il faut y aller, faut y aller.

En voiture : qu'avez-vous fait au bon Dieu pour être obligé d'avoir une voiture ? Vous qui vous en passiez si bien ! Hélas, votre travail vous impose d'en posséder une pour visiter vos clients disséminés aux quatre coins du département. Cet engin va vous rendre la vie infernale. D'abord, il est cher à l'achat et plus encore à l'entretien. En plus du coût d'acquisition, carte grise et assurance grèvent dangereusement votre budget. Ceci sans tenir compte des pannes qui vous guettent et, bien entendu, du prix toujours en hausse de l'essence. Il faudrait ériger une statue au contribuable anonyme qui est à la fois buveur, fumeur et automobiliste.

Il va donc vous falloir acheter une automobile. Quelques critères vous aideront à faire un excellent choix. Sécurité, reprises sur la route, ABS, double airbag, et surtout sobriété du chameau. Vous vous fichez de prendre une voiture trop puissante puisque la vitesse est réglementée, et puis à quoi bon choisir une voiture de luxe : on vous l'abîmera dès que vous stationnerez dans la rue. Ainsi, vous deviendrez propriétaire d'une automobile bas de gamme, car vous n'aurez pas succombé à l'armada d'options inutiles qu'on vous propose. Fenêtres teintées qui vous empêchent de voir la nuit, air conditionné qui vous enrhume en plein mois d'août, autoradio qu'on vous volera à coup sûr, banquettes en cuir qui vous colleront aux fesses en été, toit ouvrant pour une insolation, airbag arrière (c'est la place de votre belle-mère), etc. Aussitôt que vous serez sur la route, au volant de votre chère voiture, le monde vous paraîtra différent et vous transformera. Le piéton doux et charmant que vous étiez se métamorphosera en un monstre de vulgarité et d'égoïsme. Si vous avez repéré la pédale de frein, c'est sur celle de l'accélérateur que vous vous exciterez. Vous prendrez goût à la vitesse et serez intraitable avec les escargots. En bref, vous deviendrez un véritable automobiliste.

Puisque vous vous êtes porté acquéreur d'un véhicule à moteur, il vous faudra le considérer comme une personne, pourvoir à son logement, à son alimentation, à sa santé. Votre voiture générera les mêmes types de frais qu'un enfant qui vient agrandir la famille, mais pas question de bénéficier d'une demi-part sur votre déclaration de revenu. Vous apprendrez très vite à vos dépens qu'il ne faut jamais rien laisser dans votre voiture, sous peine de la voir immédiatement visitée par des individus indélicats. Rien ne sert aussi d'installer des gris-gris protecteurs sur le pare-brise, pas de chapelets ni de médailles miraculeuses : votre voiture n'est pas une basilique sur roues !

Si vous avez été sage et n'avez jamais transgressé le code de la route et les nombreuses interdictions de stationner, vous ne connaîtrez jamais le bonheur de recevoir une amende. Pourtant, en période d'élection présidentielle, vous pourriez organiser un concours avec vos amis : à celui qui en récoltera le plus… De toute façon, il y aura la fameuse loi d'amnistie.

À vélo : nul n'a besoin d'avoir fait polytechnique pour s'apercevoir que posséder une voiture en ville est une aberration. Après cette fâcheuse expérience, vous voici devenu un farouche adepte du vélo. Vous allez donc en acheter un chez votre marchand de cycles, en prenant bien soin de ne pas choisir un modèle trop cher ni trop à la mode, car un jour ou l'autre on vous le volera. Tout ce que vous pouvez espérer, c'est de le garder au moins trois mois, le temps de l'amortir et de rentrer dans vos frais. Le prix moyen d'un vélo neuf est de neuf cents francs, soit environ une consommation de deux tickets de bus par jour durant trois mois. N'oubliez jamais de vous offrir avec le vélo un très bon antivol pour moto gros calibre. Coût, six cents francs, mais avec cet accessoire indispensable vous avez plus de chances de conserver votre nouveau moyen de locomotion. Sachez qu'il y a des saisons propices à la disparition des vélocipèdes, particulièrement lorsque les beaux jours arrivent ou en période de grève des transports en commun.

Maintenant, il est temps d'enfourcher votre petite reine et de découvrir les immenses avantages qu'elle vous offre. Dans les embouteillages, elle se faufile entre les voitures, monte sur les trottoirs pour s'échapper des encombrements ou fait fi des feux rouges. Personne à gauche, personne à droite, vous brûlez le feu. Un sens interdit, personne en face, vous foncez. Plus de problème pour vous garer, il suffit d'accrocher votre vélo à un panneau d'interdiction de stationnement. Pas de P.-V., puisque pas de plaque d'immatriculation. La seule chose à éviter est de faire le zouave sous les yeux d'un membre de la maréchaussée. Aux yeux des automobilistes, le vélo est un nain, un empêcheur de tourner en rond, puisqu'il se croit tout permis. Un cycliste qu'on écrase aura toujours raison, même si c'est lui qui s'est jeté sous les roues de la voiture. Sachant que votre faiblesse fait votre force, abusez-en ! Pour traverser la place de la Concorde, munissez-vous d'un bon parapluie de golfeur que vous brandirez comme une lance de tournoi pour vous ménager un passage parmi les autos. Ça les effraye ! Il faut être craint pour être respecté !

Autre avantage du vélo, c'est qu'il joint l'utile à l'agréable. Un peu de sport, mais pas trop, c'est assez bon pour la santé et ça vous fera les mollets.

En courant : les médias nous assomment avec des conseils stupides en nous invitant à faire du sport. C'est ainsi que l'on voit de plus en plus de citadins faire du jogging de bon matin. Spectacle jouissif pour le client d'un bistro attablé à la terrasse et sirotant un petit verre de côtes du Rhône en fumant un cigare. C'est un cortège inouï, presque aussi surréaliste que les défilés de haute couture. Voyez ce petit groupe de pompiers qui fait son exercice matinal. Tous les participants portent un short, mais visiblement rien en-dessous, ou encore un survêtement si moulant que les mensurations de ces messieurs ne font aucun doute. Là, c'est au tour de la fille de votre crémière de s'exhiber. Elle court au petit trot et sa poitrine se balance au même rythme, un régal pour les yeux. Une demi-heure plus tard, tout ce monde repasse devant vous la mine défaite, suant à grosses gouttes et les poumons pleins de la crasse émanant des pots d'échappement. Vous, vous êtes en pleine forme. C'est pourquoi vous vous garderez bien de vous fatiguer pour rien. Votre unique exercice du jour consistera à vous rendre en vélo au bureau et, de temps à autre, à ne pas prendre l'ascenseur.

Une légende prétend que faire du sport rallonge l'espérance de vie. On peut en douter. Y a-t-il beaucoup d'athlètes qui passent le cap des cent ans ? Jeanne Calment n'a jamais fait de sport de sa vie, c'est pour cela qu'elle est morte si vieille. Pour vous en souvenir tous les jours, faites-vous offrir un poster d'elle réalisé à l'occasion de son cent quinzième anniversaire : elle salue ses fans en brandissant d'une main une coupe de champagne et en tenant de l'autre une bonne cigarette…

À l'étranger : une envie soudaine vous prend de vouloir quitter à tout prix notre douce France. Même si la Corrèze ou le Luberon vous sont aussi inconnus que les flancs du Kilimandjaro, c'est là-bas que vous décidez de partir, à vos risques et périls. Un voyage demande à tout un chacun une préparation psychologique, comme un certain degré d'adaptabilité. Êtes-vous d'abord bien certain de vouloir quitter un aussi beau pays ? Vous avez besoin de dépaysement ? Inutile de dépenser des milliers de francs pour cela ! Avec un simple ticket de métro, tout est possible. Pour profiter du charme des Indes, un détour par le passage Brady vous donnera un avant-goût des faubourgs de Chandernagor. L'Orient et l'Afrique s'offriront à vous à la Goutte-d'Or. À Belleville ou avenue de Choisy, c'est la Chine et le Tonkin qui vous accueilleront. Vous traversez une crise de mysticisme et vous pensez qu'un séjour dans un temple bouddhique au fin fond du Tibet vous aiderait à trouver la voie de votre spiritualité ? Prenez les Pages jaunes et dénichez un monastère catholique en Savoie. Là, au moins, vous aurez droit à un certain confort. Eau courante, douche, chauffage et bonne chère.

Encore une raison de ne pas quitter la France : votre santé. Avez-vous pensé à votre santé ? Non ? Alors recensez tous les risques que vous allez devoir affronter loin de chez vous. Il y a le climat qui peut être un facteur décisif pour rester chez soi. Dans certains pays tropicaux, la température est souvent supérieure à 30 °C, ce qui est insupportable. De plus, le taux d'humidité, en dépassant parfois les 90 %, peut être très nocif pour la permanente de Madame. À force de passer sa vie sur les plages de Saint-Martin, votre voisine âgée à peine de trente-cinq ans en paraît vingt de plus, tant sa peau a été cuite et recuite par le soleil. N'oubliez pas non plus votre cousin mort d'un mélanome malin parce qu'il était adepte du nu intégral. Ni la faune curieuse qui hante les contrées exotiques : scorpions, tarentules, serpents venimeux, singes vicieux et moustiques omniprésents. Posez-vous aussi la question de savoir si votre estomac ou vos intestins supporteront le régime alimentaire que vous leur imposerez : brochettes de caïman, sauté de sauterelles, vers de farine en salade, chien au curry… Sachez que vous êtes à peu près certain d'attraper une monstrueuse dysenterie qui vous clouera au lit durant trois jours, car vous aurez oublié qu'il ne faut pas se brosser les dents avec l'eau du robinet.

Il y a aussi les maladies endémiques que vous risquez d'attraper, comme la malaria, la lèpre, la dongue, et des fièvres de toutes sortes, sans oublier le sida. Il n'y a que deux maladies qu'il faut contracter pour faire de vous une personne intéressante : la peste et le choléra. Dans un salon, vous ferez fureur quand vous expliquerez comment la peste noire vous a surpris lors de votre voyage aux Indes.

Toujours envie de partir ? C'est que vous êtes d'un courage impressionnant, ou totalement inconscient. Il faut donc choisir une destination dépaysante sans qu'elle le soit trop. N'est pas Stanley qui veut ! Bien décidé à ne pas faire comme tout le monde, vous listez les pays où il ne faut surtout pas aller de crainte d'y retrouver votre collègue de bureau ou votre concierge. Votre préférence se porte sur les pays francophones, mais ils sont de moins en moins nombreux, alors vous élargissez le panel aux contrées anglophones, car vous bredouillez trois mots d'anglais. Ensuite, vous vous rendez sur le site Internet du ministère des Affaires étrangères qui vous informe de la situation politique et sanitaire de tous les États du monde. Non, il ne fait pas bon faire bronzette en Sierra Leone ou au Congo-Kinshasa. La tuberculose fait un retour triomphal en Russie, les enfants ouzbeks sont fluorescents la nuit tant ils ont reçu de radiations... Choisir un pays qui a connu des attentats peut être une excellente idée. Prenons le cas de l'Égypte où une troupe de touristes suisses s'est fait mitrailler par des islamistes. Les mois qui suivirent le carnage virent le nombre de visiteurs à Louxor choir de 90 %. C'était alors le moment rêvé pour s'y rendre et s'offrir le luxe d'une visite dans le temple de Karnak vide. Le risque d'être pris dans une fusillade était alors pratiquement nul, puisque le gouvernement avait demandé que les enfants des écoles soient présents sur les sites touristiques. Et puis ce n'est pas vous, pauvre franchouillard, qui allait être descendu. C'est trop d'énergie dépensée pour un seul cadavre qui n'apporterait rien à la cause des terroristes.

Comme vous avez la ferme intention de voyager malin pour jouir d'un séjour reposant et tout de même enrichissant, vous vous refusez à vous adresser à un quelconque tour-opérateur dont la mission est de planifier à la seconde près vos déplacements et vos moments de détente. Si vous avez surmonté vos craintes de l'avion pour aller à Cancún, ce n'est pas pour rester cantonné au Club Med à ne rien faire de la journée. C'est aussi pour évoluer dans la région.

Derniers conseils en la matière : n'allez jamais dans un pays musulman si vous êtes adepte du nudisme ou du *topless*. Ne visitez pas les villes qui donnent le cafard comme Le Caire, Mexico, Shanghai, Bombay et n'allez pas vous frotter à la misère de certains États du Tiers-Monde. Cela risquerait de vous donner une très mauvaise conscience et de gâcher votre existence jusqu'à la fin de vos jours.

Maintenant que vous avez choisi la bonne destination et que vous planifiez votre départ hors des périodes de vacances du commun, il vous faut vérifier si votre séjour en Floride ne se situe pas en pleine saison des cyclones ou des pluies. N'oubliez surtout pas de contracter une assurance tous risques avec rapatriement sanitaire compris. Une simple piqûre dans un hôpital roumain peut vous conduire *ad patres* et vous le savez. Pas besoin de se ruiner en choisissant l'option « rapatriement cadavre », c'est à vos héritiers de s'en préoccuper, pas à vous.

Il n'y a plus que la valise à préparer, l'essentiel, plus la trousse de secours comprenant pansements, désinfectants, et surtout toute la panoplie de médicaments anti-tourista qui peut exister. À ce propos, deux ou trois rouleaux de papier-toilette tiendront bien dans votre valise, vos fesses gardant un souvenir amer du papier hygiénique russe qui s'apparente à un abrasif puissant. Apprenez quelques mots de la langue locale, du genre « bonjour, au revoir, combien ça coûte, où sont les toilettes, je ne parlerai qu'en présence de mon avocat ». Et hop ! vous pouvez partir.

6

CHEZ SOI

Que la vie est douce chez les parents ! Certes, on doit se soumettre à une certaine discipline, mais il faut admettre que vivre chez ses géniteurs est bien agréable. Mais voilà, à trente-cinq ans, il serait peut-être temps de songer à prendre son indépendance. Alors, la mort dans l'âme, on se résigne à quitter définitivement la machine à laver le linge de papa et maman, le frigo toujours plein et la table bien garnie. On se décide donc à chercher un petit chez-soi pas trop loin de la famille, de la précieuse machine à laver et de sa chère mère qui repasse si bien les chemises.

C'est une sorte de quête du Graal qui vous attend.

Attablé à la terrasse d'un café, vous compulsez les annonces immobilières. Ici, on propose une ravissante studette située dans un immeuble de caractère, orienté plein sud, trois mille cinq cents francs TTC, là, c'est un charmant deux-pièces sur cour arborée à quatre mille cinq cents francs hors charges, comprenez plus de cinq mille par mois. Bref, vous avez l'embarras du choix. Après vous être fixé sur quelques appartements situés à moins de trois rues du cocon familial, vous prenez rendez-vous avec des agents immobiliers pour visiter. C'est à partir de cet instant que vous irez de surprise en surprise.

La fameuse studette de charme se révèle être une ancienne chambre de service sous les toits (on doit cuire l'été), au sixième sans ascenseur avec toilettes communes sur le palier. Le deux-pièces est au fond d'une cour sordide où trône un chétif marronnier. De plus, cette cour est le fief des enfants d'une concierge féroce. Bref, de visite en visite, vous apprendrez à vous méfier de tout et à dénicher les vices cachés. Ainsi, vous qui pensiez trouver rapidement chaussure à votre pied, eh bien non ! À force de courir d'agence en agence, de particulier en particulier, vous commencerez à désespérer de vous loger. C'est alors qu'un de vos amis, plus malin que la moyenne, vous ouvrera de nouveaux horizons en vous suggérant de vous adresser aux institutions qui gèrent un parc immobilier. Après tout, qui dit HLM ne dit pas fatalement gourbi infâme. Et puis vous êtes un bon catholique, donc un paroissien fidèle qui allait oublier que Votre Sainte Mère l'Église possède des centaines d'immeubles d'habitation. Fallait y penser ! (Si vous n'êtes pas catholique, voyez les institutions d'entraide juives, protestantes, musulmanes ou bouddhiques). Pour votre part, c'est grâce à monsieur le curé que vous avez trouvé la perle rare dans un immeuble cossu de pur style haussmannien. La seule déception se situera au niveau du prix de la location qui n'est pas aussi bas que vous l'auriez cru. Nos bons pères ne sont pas là pour faire des cadeaux. D'ailleurs, ils exigent moult cautions. Caution des parents, de la banque, de votre ami(e), de votre chien ou du chat, vous êtes blindé. Contrat signé, vous voici heureux locataire. Maintenant il va falloir meubler tout ça, et c'est encore grâce à l'Église et à l'incurie de vos concitoyens que vous allez vous installer.

Bien sûr, vous achèterez le meilleur lit qui soit, double, avec un matelas réversible. Là, ne regardez pas à la dépense, car c'est sur ce précieux meuble que vous passez un tiers de votre existence, mais pour le reste, pas de kit, du style et de l'originalité.

Première destination avec la voiture ou la camionnette d'un ami : Emmaüs. Joie, bonheur, félicité, la grange de l'abbé Pierre regorge de meubles, vendus une misère. C'est d'ailleurs là que se fournissent les brocanteurs. Vous y dénicherez bien une table, des chaises, des placards pour trois francs six sous. Ensuite, organisation d'un safari « poubelles ». C'est une sorte de jeu de société qui consiste à recevoir de bons amis nantis d'automobiles et de leur fournir le plan des emplacements des bennes à ordures à Paris. Après avoir constitué des équipes, on se sépare, à charge pour chaque équipe de trouver les pièces les plus intéressantes. Ce jeu est doublement amusant, d'abord parce que les fouilles de bennes à ordures sont formellement interdites, ensuite parce qu'on ne se figure pas tout ce que les gens peuvent jeter. Si la pêche est bonne, vous pouvez escompter au moins un ou deux fauteuils style Art déco, une table de bistro en marbre, quatre chaises de salle à manger et une table de nuit en bois fruitier. En ce qui concerne l'électroménager, les ventes des Domaines vous procureront tout ce qu'il vous faut, sans garantie. Pour du petit matériel, ce n'est pas grave.

Ça y est, vous êtes dans vos meubles, rien que chez vous, libre de vivre comme vous l'entendez, en somme heureux comme un pape. Plus besoin d'être à table à heures régulières, d'attendre désespérément que la salle de bains se libère, de partager le frigo. Maintenant, vous pourrez manger des pizzas mollement étendu devant la télé, vivre nu et surtout recevoir qui vous voulez quand vous voulez, c'est-à-dire votre petit(e) ami(e) qui pourra tester avec vous la qualité de votre matelas. À présent, il s'agit de pendre la crémaillère, ce qui signifie recevoir. Comme votre aménagement a lourdement grevé votre budget festif, vous appelez deux ou trois amis qui se chargeront d'annoncer à toute la communauté que vous organisez une petite sauterie avec comme thème : « Vient qui vient avec qui il veut mais avec à boire et à manger » ! La sagesse et la diplomatie vous imposent de prévenir vos voisins que vous occasionnerez quelques dérangements en leur proposant de venir à votre petite fête. Ainsi prévenus et conviés, les occupants de l'immeuble n'oseront se plaindre du chahut qui s'ensuivra.

La seconde mission essentielle, qu'il convient de réussir, sera de vous mettre la bignole dans la poche. Qu'on la qualifie de « gardienne » ou de « concierge », elle est le pivot, l'âme, la maîtresse de votre immeuble. C'est elle qui lit vos cartes postales ou encore épiera les allées et venues de vos relations. Elle aura en somme un pouvoir presque absolu sur vous, car sa loquacité pourrait briser votre vie. Quoi que vous fassiez, elle saura tôt ou tard tout de vous. Autant vous en faire une alliée. Vous n'hésiterez pas à vous montrer généreux. Vous lui confierez le soin de faire quelques heures de ménage (au noir) par mois, mais surtout vous serez très large pour les étrennes. Vous trouvant au demeurant sympathique, elle vous lâchera rapidement quelques ragots alléchants sur le voisinage. Vous apprendrez que votre voisin de palier âgé de soixante ans reçoit plusieurs fois par semaine de jeunes garçons, que le mari de la dame du cinquième la trompe allégrement pendant les vacances, que la jeune fille du second change de petit ami tous les mois. Un régal !

Bien vite, vous allez connaître par vous-même les locataires de ce microcosme qu'est un immeuble. Vous vous lierez de sympathie avec deux ou trois voisins qui se révéleront être de fortes personnalités. Ainsi, la voisine nonagénaire du cinquième vous recevra régulièrement pour vous offrir une tasse de thé (ou quelque chose de plus relevé) et vous racontera ses souvenirs de guerre, entendez celle de 1914 et celle de 1939. C'est une ancienne girl du Moulin-Rouge et de l'ABC qui a très bien connu la Miss, Fréhel et Damia. Elle vous a pris en affection parce qu'il n'y a que vous qui soyez capable de fredonner avec elle les paroles des chansons d'Yvette Guilbert. Après avoir partagé avec vous une bouteille de Chivas, elle se mettra à lever la patte ou à imiter Cécile Sorel descendant l'escalier des Folies-Bergère, en s'exclamant : « L'ai-je bien descendu ?! ». Comme quoi certains vieux peuvent être plus alertes que les jeunes !

Les premiers mois de votre célibat sont merveilleux et vous savourez chaque instant dans votre deux-pièces où rien ne vous est interdit. Oui, mais... Petit à petit, sournoisement, votre célibat va se transformer en solitude et la présence d'un être humain auprès de vous ne vous déplairait pas. Les symptômes d'une minidépression apparaissent. Le soir venu, votre premier geste, lorsque vous rentrez chez vous, est d'allumer la télé avant de vous effondrer dans l'unique fauteuil et de regarder les infos présentées par l'inusable PPDA. Votre réfrigérateur est désespérément vide. Vous n'avez plus le goût d'aller faire des courses. De toute façon, vous n'avez pas vraiment faim. Il faut pourtant se nourrir, alors vous vous contentez d'ouvrir une boîte de raviolis que vous ingurgitez froide devant la télévision.

C'est grave, il faut réagir ! Comme votre vie affective est aussi remplie que votre frigo, vous hésitez à adopter un animal de compagnie. C'est un signe avant-coureur du célibat à long terme, mais un petit être à plume ou à poil animera votre univers. Un chien serait un parfait compagnon, mais il faut le sortir régulièrement. Un greffier ? Oui, mais vous êtes allergique. Des oiseaux ? C'est sale ! Des poissons rouges ? C'est stupide. Alors quoi ? Tout de même pas un hamster ou un rat ! Non ! Pas d'animal ! C'est une femme qu'il vous faut. C'est décidé, vous partez en chasse pour trouver la douce et tendre que vous appelez de vos vœux. Après tout, une femme a des vertus qu'un chien n'a pas, et puis avec elle vous n'aurez plus besoin des services de votre concierge. Physiquement, à votre âge, vous n'êtes pas si mal. Pas de bedaine, le poil encore brillant, d'un beau châtain foncé, pas une ride et encore vaillant au lit. Votre situation financière est correcte. Il ne devrait pas y avoir trop de difficulté à attirer dans vos filets une charmante biche aux grands yeux verts.

De soirées entre amis en dîners et de dîners en cocktails, vous rencontrez l'âme sœur et, chose qui ne vous est jamais arrivée, vous tombez éperdument amoureux. Après avoir connu les inconvénients de la condition d'ermite, vous optez pour la vie à deux. Ainsi, une femme s'apprête-t-elle à évoluer dans votre petit chez-vous, qui deviendra un petit chez-nous, puis un petit chez-elle. L'occupation des lieux se fera peu à peu. Elle passera une nuit avec vous, une autre, et vous commencerez à vous apprivoiser mutuellement. Viendra le moment où elle posera ses marques dans votre appartement. Insidieusement, elle régentera votre intérieur. Des réflexions désobligeantes troubleront le célibataire endurci que vous êtes. Les poils dans la baignoire, le frigo vide, la cuvette des toilettes jamais baissée, la poussière sous le lit, les photos de vos ex, seront autant de *casus belli* entre vous et elle. Le bon bougre que vous êtes acceptera sans rechigner ces remontrances.

Le premier bouleversement que vous aurez à subir se situera dans la salle de bains. Là où trônaient les rares accessoires de beauté dont un homme use, la jeune personne installera sa propre panoplie. *Exit* votre rasoir et votre brosse à dents. Les multiples crèmes de soin, les vernis, les tubes de rouge à lèvres, les eaux de toilette et tout le bazar qu'une femme moyenne utilise auront tôt fait de reléguer vos affaires loin du lavabo.

Le deuxième bouleversement se fera au plan alimentaire. Le réfrigérateur découvrira des denrées dont il ne soupçonnait pas l'existence. Il faut dire que c'est à une fan du bio que vous avez affaire. Adieu, jambons polyphosphatés, foie gras, tubes de Chantilly, boîtes de lait concentré, canettes de bière et autres toxiques qui faisaient vos délices de célibataire... Désormais, votre estomac devra subir le diktat d'une écolo presque végétarienne. Vous qui pensiez amener à votre domicile un cordon-bleu, vous voilà fixé : les femmes modernes ne font jamais la cuisine. Il vous faudra beaucoup de courage pour apprendre à savourer le soja décliné sous toutes les formes, le blé en salade, les carottes râpées, les galettes de sarrasin et maintes racines insipides. L'amour vous fait tout accepter, et puis de toute façon vous trouverez bien un endroit pour cacher quelques saucissons et tablettes de chocolat. Le jour de l'installation définitive arrivera bien assez vite. Vous resterez consterné devant le nombre considérable d'objets auxquels une femme peut être attachée, particulièrement ceux de sa garde-robe. Il faudra moins de quarante-huit heures pour que la belle ait entièrement redécoré votre chez-vous, sans que vous, ayez eu votre mot à dire. Ne trouvant pas suffisamment de place pour ses propres affaires, elle rusera pour vider les vôtres, voire en profitera pour remplir la poubelle de certains de vos petits souvenirs perso.

L'ennemie est dans la place, mais que n'accepteriez-vous pas pour vivre à deux ? Vous pensiez en macho que les femmes sont toutes comme votre mère, prévenantes, s'occupant de votre intérieur avec soin, qu'elles savent toutes passer le balai, vous mitonner de bons petits plats, faire les courses, laver vos chemises et repasser. Eh bien non ! La femme moderne n'est pas un objet de salon dévoué corps et âme à son jules. Les tâches domestiques devront être soigneusement réparties dans le couple. Dès que vous aurez réalisé cela, tout ira mieux dans votre esprit et la vie sera merveilleuse. Cependant, en prenant femme, vous ne saviez pas que vous en épousiez plusieurs. Une femme n'est jamais seule : elle a sa mère, ses amies, en particulier sa meilleure copine, sans qui elle ne peut pas vivre, qui passera sa vie chez vous et encombrera votre ligne téléphonique. Vous qui rêviez de compagnie, vous allez être gâté !

7

DANS LE MONDE

Lorsqu'un jour de cafard, se complaisant dans la nostalgie, on relit quelques pages de Proust avec un certain vague à l'âme, on ne peut que se répandre en lamentations. Ah ! la vie mondaine d'autrefois ! Ce milieu si raffiné, ces fêtes somptueuses, ces rois en exil, ces salons littéraires si célèbres… Quelle douceur de vivre dans ce temps-là ! Non content de se faire du mal, on en rajoutera dans le vague à l'âme par d'autres lectures plus contemporaines telles que *Point de vue* ou la rubrique « mondanités » d'Agathe Godard dans *Paris-Match*. Attention danger ! Il est urgent de revenir sur terre et de ne pas idéaliser le monde, les mondains et les mondanités.

Il est vrai que Proust, Radiguet ou encore Paul Morand ont décrit avec talent un univers brillant où ducs, grands industriels, hommes politiques et maharadjahs se côtoyaient à l'occasion de bals mémorables. Le journal de l'abbé Mugnier fourmille d'anecdotes croustillantes sur telle poétesse connue pour son caractère autoritaire. Fin gourmet, il passe en détail mille et un menus qui nous font saliver. Mais voilà, nous sommes au XXIe siècle et à force de vouloir à tout prix regarder en arrière tout en avançant, on finit par tomber à la renverse. Les regrets ne servent à rien. Si votre grand-père a mené joyeuse vie au One Two Two, au Sphinx ou au Chabanais, tout en dilapidant le patrimoine familial, ne lui en voulez pas. C'est vrai qu'il aurait pu penser à vous pour qui un sou est un sou, mais voilà, la fortune s'est envolée. Dites-vous qu'il a bien profité de la vie et que c'est tant mieux pour lui.

Si vous n'arrivez pas à vous consoler de n'avoir pas connu la Belle Époque et le train de vie somptueux des grands, comparez votre vie actuelle avec la leur, et bien vite vous comprendrez, comme le disent les turfistes, qu'il n'y a pas photo. Remontez donc le temps et imaginez un instant que vous fassiez partie des *happy few* qui hantaient les salons de la princesse Mathilde. Vous êtes riche à millions parce que votre père a épousé une héritière américaine. Bref, vous croulez sous le fric, et l'idée même de travailler ne vous a jamais effleuré l'esprit. Alors il faut bien organiser vos journées à ne rien faire, car savoir ne rien faire demande un effort certain. Comme vous n'êtes pas très brillant, et pour cause (les études, c'est fait pour les bourgeois), vous vous ennuyez comme un rat mort et vous vous lancez dans les mondanités pour vous occuper. En fait, les mondanités ne sont qu'un moyen de tuer le temps.

Il est 11 heures du matin et un valet de chambre vient vous réveiller pour vous apporter votre tasse de thé et deux toasts. Vous souffrez d'une gueule de bois atroce et vous vous remémorez avec douleur la soirée que vous avez passée dans un cabaret avec quelques joyeux drilles. Vous aimez tant ces petites virées avec vos anciens camarades de régiment… Ils ne sont pas du même milieu que vous, mais ils sont tellement plus drôles que tous ces gens en représentation que vous côtoyez avec votre épouse. Ah oui ! votre chère et tendre, celle qui couche dans la chambre opposée à la vôtre !... Vous la traînez comme un boulet. À dix-huit ans révolus, on vous l'a imposée au cours d'une chausse-trappe organisée par une vieille tante. Comme vous, elle était riche et portait un des plus beaux patronymes de France. Ainsi scellait-on les alliances entre les dynasties. À peine avez-vous eu le temps de vous faire à l'idée que vous alliez finir vos jours avec une dinde, que vous voilà la bague au doigt... Sa culture est très limitée, on lui a inculqué un minimum d'éducation, juste de quoi pouvoir tenir une maison et mener une conversation pas trop stupide. Vous ne l'aimez pas, elle non plus je vous rassure. Mais comme on est entre gens bien, on respecte les conventions. Au début du mariage on reste fidèle, du moins elle, le temps de faire quelques enfants, puis après six grossesses dont quatre menées à terme et deux enfants viables, chacun vivra sa vie. Vous aurez une ou deux maîtresses, accessoirement un amant, elle recevra ses amies, car Madame tient salon. Elle aussi s'enverra en l'air, mais avec le jardinier, c'est plus commode et plus excitant. Le seul avantage de votre vie de famille, c'est que vous ne verrez jamais vos enfants puisqu'ils seront confiés aux bons soins d'une gouvernante.

Une journée terrifiante s'offre à vous. Votre valet de chambre vous prépare un bain avec des brocs d'eau qu'il monte péniblement de l'office. Vous pensez qu'un chauffe-eau ne serait pas du luxe, mais la technologie n'est pas encore au point. D'ailleurs, il serait aussi temps d'installer des toilettes modernes, bien plus pratiques que les pots de chambre. Il fait glacial dans la salle de bains, vous vous coupez en vous rasant avec ces maudits coupe-choux et votre valet de chambre vient vous apporter la tenue de ville que vous endosserez pour vous rendre chez votre amie. Il vous faudra une demi-heure pour l'endosser. En début d'après-midi, de retour chez vous, vous vous changerez pour enfiler une jaquette qui sera parfaite pour déambuler rue Royale ou à Longchamp. En fin de journée, une tenue d'intérieur vous permettra de vous relaxer avant de retrouver votre habit sans lequel il ne serait pas concevable de sortir.

Ce soir, c'est la princesse de Wagram qui reçoit. Il y aura tout le gratin. Il vous faudra être sur vos gardes, car ce beau monde ne vit que de médisances et n'attend qu'une chose : que vous commettiez un impair et que toute la ville ait une raison de se gausser de vous. En fait, vous êtes totalement conscient de la platitude et de l'inintérêt de la vie mondaine à Paris. Peu de chances de croiser qui que ce soit d'amusant dans ces sauteries. Zola, les frères Lumière, Pierre et Marie Curie, Paul Langevin, Jaurès, Clemenceau, ont d'autres préoccupations que de parader dans la bonne société. Ce sont eux qui font l'histoire, vous ne faites que la subir. En somme, votre vie est un épouvantable gâchis, et il n'y a que la mort qui vous sauvera de l'ennui. Courage, avec un peu de chance et une petite tumeur de rien du tout, la médecine aura beau fait de vous envoyer *ad patres*. C'est qu'en 1900, on meurt pour pas grand-chose.

Espérons que ce retour sur la Belle Époque vous aura guéri de votre petite crise de spleen. Si notre monde à nous n'est pas idyllique, il est quand même bien plus agréable. Les conquêtes sociales profitent à tous, même à nous, la médecine a fait des progrès foudroyants, on mange mieux et moins, les toilettes et les salles de bains sont nettement plus fonctionnelles. Plus besoin de personnel, d'ailleurs personne n'en a plus les moyens. Plus besoin d'aller au spectacle, il y a la télé. La tuberculose et la syphilis se soignent. Les Allemands n'ont plus envie de venir à Paris sans y être invités, les marxistes ont démontré combien le capitalisme était intouchable, les Américains sont là pour nous protéger et se mêlent de nous éduquer ou de nous divertir. Que demande le peuple ?

Qu'est-ce que le monde aujourd'hui ? Passons en revue les quelques publications qui se chargent de nous informer sur la vie mondaine. Nanti de *Gala, Télé Sept Jours, Paris-Match, Point de vue, Vogue* et surtout *Ici Paris*, tentons une rapide analyse sociologique des mondains qui font les choux gras de ces magazines. Dressons donc une classification des « gens », pour ne pas dire *people*, qui sont dans la ligne de mire des chroniqueurs.

Il y a les incontournables, ceux qui ont fait quelque chose de leur vie. Nous rangerons dans cette catégorie les hommes et les femmes politiques, les acteurs à la mode, les écrivains, les chanteurs et quelques milliardaires. *A priori*, ce sont des personnalités qu'il serait intéressant de connaître. En réalité, elles traînent peu dans les cocktails, ayant généralement autre chose à faire. Elles gèrent avec parcimonie leurs sorties. On les verra à l'occasion d'un gala de charité, d'un match de polo à dos d'éléphant aux Indes ou encore à l'inauguration du tunnel sous la Manche.

Ensuite vient la catégorie des mondains sans intérêt, mais qui ont su conserver un semblant d'aura médiatique. On y rangera les vieilles actrices du muet, les anciennes femmes de chefs d'État, la plupart des altesses royales ou impériales, les rejetons de familles jadis huppées, les héritiers dégénérés de familles d'industriels et les étoiles filantes du moment, j'entends par là les pétards mouillés du show-biz. Ce sont des individus qu'il peut être amusant de côtoyer occasionnellement, mais qui ne méritent pas une réelle attention. Ils constituent les piliers de la mondanité qui, sans un ou deux bals et six ou sept cocktails par semaine, se croiraient jetés.

Enfin, la dernière catégorie regroupe ceux qui n'ont jamais rien fait de leurs dix doigts, mais qui suscitent la curiosité des médias par on ne sait quel mystère. On y trouve d'anciens tôlards, d'anciennes employées de Madame Claude, des désœuvrés et surtout un nombre incroyable de parasites. En somme, un peu de tout, mais rien de notable.

Ceci posé, tous les mondains ne sont pas des oisifs. Certains sont même fréquentables. Si vous avez tout de même envie de vous frotter à ce milieu, vous vous devez de connaître quelques subtilités qui gouvernent la vie en société. Sachez d'abord que votre origine sociale comme votre condition financière ne seront jamais un handicap pour être reçu dans le monde. Surtout n'imaginez pas qu'on vous désire pour votre culture ou votre bonne éducation... Il suffit qu'on ait très vaguement parlé de vous dans la presse ou que vous figuriez sur un listing de personnalités qu'une attachée de presse indélicate aura vendu à vos hôtes qui veulent des noms. De même, n'importe qui peut être invité aux garden-parties de l'Élysée, pourvu que l'on ait fait ami avec le compagnon de la secrétaire d'un énième conseiller. Pour une invitation plus personnelle à un dîner ou à une soirée, une lecture attentive est fondamentale. N'acceptez jamais les invitations à dépenser de l'argent, c'est-à-dire les soirées PAF (participation aux frais). Boycottez ! Quant aux soirées qui commencent à 11 heures le soir en semaine, elles n'ont aucun intérêt. C'est une perte de temps et de sommeil, les gens qu'il serait intéressant d'y croiser n'y vont jamais. Ils travaillent, eux !

Si vous recevez des sollicitations de personnes qui vous sont totalement inconnues, ne prenez même pas la peine de répondre. Méfiez-vous aussi des amis désargentés qui vous envoient un carton d'invitation rutilant pour un bal. Dites-vous que le budget alloué au carton a dû lourdement grever celui dévolu à l'alcool et à la nourriture. Pesez le pour et le contre avant d'enfiler vos plus beaux atours. Une invitation à une soirée précédée d'un dîner auquel vous n'êtes pas convié ne mérite aucune attention. Pour vous, c'est tout ou rien, les soirées à option ne sont pas votre genre. Faites donc la fine bouche et vous verrez que petit à petit on ne vous conviera plus qu'à des fêtes dignes de ce nom, où votre présence sera flatteuse. En conclusion, si vous sortez, ce sera pour voir et être vu et, éventuellement, pour rencontrer des gens qui pourraient vous apporter quelque chose. Tout le reste est nul et non avenu.

Vous décidez d'honorer de votre présence la soirée très *in* que madame de … organise. La fête sera, c'est certain, la fiesta du siècle. Cadre somptueux, Versailles ! Oui, mais à l'orangerie. L.N. comme traiteur. On a vu mieux et puis son champagne vous donne la gueule de bois. Invités triés sur le volet ! Ah bon ? Alors pourquoi suis-je invité ? Je ne la connais même pas, cette madame de … Bref, vous ne vous faites aucune illusion, ce sera une soirée comme une autre, si ce n'est qu'il faudra y aller en voiture alors que bus, métro ou vélo sont bien plus pratiques. Vous partez à la pêche au chauffeur, car il n'est pas question d'être sobre ce soir-là. Vous veillerez simplement à ce que le chauffeur ne boive pas une goutte d'alcool.

Bien mis, vous venez d'enfiler le somptueux smoking de votre arrière-grand-père, celui que vous avez réussi à sauver avant qu'il ne parte au Secours catholique. Il est usé jusqu'à la trame, mais c'est parfait puisque le comble du chic est de porter des vêtements qui ont une histoire. Un dernier coup d'œil dans le miroir. Vous êtes superbe ! Beau comme un dieu, si beau que vous coucheriez bien avec vous-même ! Ce soir, c'est certain, vous allez faire des ravages.

Vos amis et votre chauffeur viennent vous cueillir en bas de chez vous. Vous voilà donc sur le départ, direction Versailles. Pour sortir de Paris, pas de problème, mais ça se corse au niveau du pont de Saint-Cloud. C'est vrai, vous aviez oublié que c'est le début des vacances scolaires. On n'a pas idée de recevoir la veille de grandes migrations ! Là où il faut en général une petite demi-heure pour atteindre Versailles, cela vous prendra deux heures, deux longues heures, deux heures terrifiantes où il vous sera interdit de fumer dans la voiture parce que votre chauffeur est maniaque et vous accro à l'herbe de Nicot. Bref, vous arrivez à destination. Chance, joie, bonheur et liesse ! une place de parking s'offre à vous à moins de cent mètres de l'entrée de l'orangerie. La joyeuse compagnie sort de la voiture, les uns ajustant leur smoking froissé durant le voyage et rentrant leur chemise dans le pantalon, les unes retouchant leur maquillage un peu défait. Et vous allumant une cigarette.

Le petit groupe s'apprête à pénétrer dans la fameuse orangerie, mais doit passer par l'inévitable « Checkpoint Charlie » qui est censé refouler les fraudeurs de tout poil qui hantent les soirées *in* de la capitale. Présentation du carton d'invitation et d'une pièce d'identité. Votre hôtesse invitant des gens qu'elle ne connaît pas, elle doit s'assurer que vous êtes bien vous et pas un autre. Examen réussi, on passe !

Autre barrage, l'aboyeur. Moment de jubilation, vous allez être présenté à madame de … Vos amis et vous en profitez pour vous faire présenter sous des noms d'emprunt, exotiques de préférence, pour s'amuser un peu. Et l'aboyeur d'annoncer le prince et la princesse de la Latte et Charles du 23 de la rue de Lille. C'est drôle et de toute façon la sono est tellement forte que madame de … n'aura rien compris. Vous vous avancez alors vers elle pour lui baiser la main et lui faire quelques petits frais dont elle se fout allégrement.

Vous êtes dans le saint des saints. Opération de reconnaissance. Direction les buffets ! Parfait, ils croulent sous les petits fours. Alcools ? Mieux qu'au Harris Bar. Vous êtes là pour vous éclater, alors pas de quartier.

Vague coup d'œil sur l'assistance. Vous repérez un ou deux joyeux drilles. La soirée s'annonce bien. Aïe ! Un de vos ennemis personnels est là. Vous vous arrangez pour l'éviter. Misez sur la chance de ne pas tomber nez à nez avec lui.

Tout le monde se trémousse sur la piste de danse. Ça tombe bien, une amie vous invite à guincher. C'est comme ça maintenant et ce n'est pas plus mal ! Et vous voilà vous agitant comme un dératé sur la dernière chanson de Madonna avec votre partenaire. C'est fatigant de danser le rock, et puis un smoking n'est pas précisément conçu pour faire de la gymnastique. Cinq minutes, et vous voici dégoulinant de sueur. Un verre s'impose, puis un autre et encore un autre. Vous commencez à être légèrement gris, un peu désinhibé. La soirée suit son cours, vous papillonnez tout en veillant bien à ce que votre chauffeur ne file pas sans vous. Vient alors le moment de partir, vous en avez marre de la soirée, les buffets ont été dévorés comme champ de blé par une nuée de sauterelles et l'intendance n'a pas suivi. Mais votre chauffeur, visiblement, a bien l'intention de rester encore un peu. Un couple d'amis s'approche afin de vous saluer. Vous saisissez l'opportunité et allez dire à votre chauffeur que vous vous passerez de ses services pour le retour. Vite, un ou deux verres pour la route…

Le lendemain matin, vous vous retrouvez nu sur votre lit, votre smoking méticuleusement plié sur une chaise. Vous tentez de rassembler vos idées, mais une certaine angoisse vous étreint, car vous ne savez plus comment vous avez terminé la soirée. En effet, vos souvenirs les plus clairs remontent au niveau du tunnel de Saint-Cloud.

Ayant attendu que les effets de l'alcool se dissipent, vous saisissez votre téléphone pour joindre les amis qui vous ont si gentiment raccompagné. C'est le mari qui répond, aussi malade que vous. Il s'étonne pourtant que vous ne vous souveniez pas du pot mémorable que vous avez pris chez Castel et du succès inouï que vous avez eu en dansant le french cancan sur une voiture de police garée devant la mairie du VIe arrondissement. Lorsque vous l'interrogez pour savoir comment vous avez eu la force de rentrer chez vous, il vous répond que vous aviez l'air en pleine forme. Vous vous dites qu'avoir la maladie d'Alzheimer doit être un enfer, mais que pour rentrer chez soi ivre mort, se déshabiller et se coucher seul sans la moindre aide, il faut être somme toute formidable ou avoir un ange gardien qui soit un pro.

Tout individu qui a l'intention de pénétrer le monde se doit de maîtriser cet art suprême qu'est l'hypocrisie. Ce don du ciel n'est pas donné à tous, mais il se travaille.

Comme la bourgeoisie a toujours voulu se distinguer de la masse, elle s'est fixé un certain nombre de règles visant à policer les rapports entre les individus. Comprenez que ce code de conduite n'a pour ambition que de se protéger et surtout d'éviter tout ce qui pourrait être dérangeant. C'est à vous de choisir si vous voulez vous fondre dans un moule ou bien rester ce que vous êtes, sachant que la liberté a un prix. Personnellement, j'ai choisi la seconde option et je ne m'en trouve pas plus mal.

Voici en quelques leçons comment être un parfait hypocrite mondain.

Première leçon. Seul à la maison : placez-vous devant un miroir au coin duquel vous aurez placé une photo de Françoise Verny. Regardez-la, puis dites à haute et intelligible voix : « Françoise Verny est une très belle femme ! » Si votre visage reste impassible et sérieux, vous êtes susceptible de devenir un maître en la matière. Par contre, si un sourire malicieux ou une mine de dégoût a pu transparaître au coin de votre bouche, vous voilà mal parti. Mille fois sur le métier remettez votre ouvrage. Tentez l'opération avec une photo de Gonzague Saint-Bris, la version masculine de Françoise Verny, ou bien encore avec celle de Michel Simon ou de Simone Signoret en fin de carrière.

Deuxième leçon. Dans un bar : après avoir réussi la première étape, il est temps de la pratiquer dans un lieu public. Un comptoir de bistrot semble l'endroit idéal. Soyez un peu patient et attendez qu'un de ces piliers de bar commence après quelques verres de vin à refaire le monde. Quelles que soient vos opinions politiques, engagez la conversation et, quoi qu'il dise, abondez dans son sens ! Si vous êtes fort, vous vous arrangerez pour lui faire dire encore plus de bêtises, tandis qu'il aura l'impression d'avoir un allié à ses côtés. S'il vous offre un verre, vous avez gagné.

Troisième et dernière leçon. Les mots qui plaisent. Vous assistez à un vernissage rue de Seine. Les œuvres exposées vous paraissent sans le moindre intérêt. Vous allez faire croire à l'artiste que c'est le génie du siècle et au galeriste que c'est un nouveau Guggenheim. Ne soyez pas aussi fourbe que le renard de la fable et n'en faites pas trop, cela risquerait d'être suspect. Mesurez vos propos pour ne pas affoler votre victime. Persuadez-la que vous la respectez et l'admirez, et que vous ne souhaitez qu'exprimer votre émotion. Quand votre entourage commencera à vous trouver charmant, alors vous serez prêt à réussir dans le monde (un bon mondain doit pouvoir s'entretenir de tout ou de n'importe quoi avec n'importe qui durant au moins une demi-heure).

Enfin, si vous vous sentez, malgré vous, attiré par les titres, sachez, une fois pour toutes, que la noblesse française n'existe pas. Personne ne peut se présenter comme noble puisque la noblesse fut promptement abolie par Louis XVI un beau jour de 1790. Aujourd'hui, le rejeton d'une ancienne lignée peut seulement prétendre qu'il est d'ascendance noble. Pourtant, la société demeure fascinée par l'ancienne aristocratie et continue à lui prêter beaucoup (trop) d'intérêt. Qui ne lit les potins mondains avec délectation et qui ne suit les aventures érotico-sentimentales de telle princesse ou de tel duc ? Si elle continue à faire rêver ou, *a contrario,* à susciter de la répulsion, il est temps de lever le voile sur quelques idées reçues qui circulent à propos des particuliers à particule.

1. Comme je l'ai précédemment dit, la noblesse française n'existe plus.

2. Porter un beau nom ne signifie aucunement qu'on est riche à millions, qu'on habite un hôtel particulier ou un château.

3. Un membre de l'ancienne aristocratie méprise systématiquement les individus qui n'appartiennent pas à sa caste.

4. Être duc ou prince ne vous rend pas automatiquement irréprochable et honnête.

5. Comme vous, les individus à particule ont besoin de travailler pour vivre.

6. Un aristo n'est pas dégénéré par définition.

7. Une particule n'est pas un élément fiable pour reconnaître si une famille a appartenu au deuxième ordre.

8. Porter des armoiries n'a jamais été un privilège réservé à la noblesse.

9. La plupart des gens titrés portent des titres de courtoisie, c'est-à-dire dont l'usage était toléré à la cour, mais qui n'ont aucune base légale.

10. Porter un patronyme illustre ne donne aucun droit.

11. Il y a plus de faux nobles que de vrais dans notre beau pays.

12. Le respect qui est dû à un ancien noble n'a de fondement que si celui-ci est lui-même respectable. Un comte escroc et vulgaire n'a droit à aucun égard.

Une tradition encore vivante dans certains pays exige qu'on ne s'adresse pas de la même façon à un duc ou à un comte. Lorsqu'on converse avec un duc ou une duchesse, on leur donnera du « monsieur le duc » ou de la « madame la duchesse ». Pour les barons, les comtes, les vicomtes, les marquis, on reste sobre en les appelant le plus simplement du monde « monsieur ». Pour leurs épouses, ce sera « madame ». Ce n'est que dans les basses cours qu'on entendra « monsieur le comte » ou « madame la baronne ». Un prince issu d'une maison régnante ou ayant régné aura droit au « monseigneur ». Les autres princes ne seront que des « princes » dans la conversation. Les rois seront « sire ». Ma concierge, la reine d'Espagne, l'impératrice d'Autriche et la comtesse de Paris seront appelées le plus simplement du monde « madame ».

Les titres de noblesse sont comme l'alcool, c'est bon, mais il ne faut pas en abuser. À un faux notoire, il est légitime de ne jamais donner son titre de fantaisie ou de contrebande. Imaginez un instant un démarcheur qui se présenterait à un client potentiel en s'annonçant « comte de Tartempion », avec une carte de visite mentionnant, en plus de son titre, sa qualité de démonstrateur d'aspirateurs de la société Aspirtout. Ce serait ridicule et déplacé.

Dans certains cas, des patronymes de familles célèbres ne se prononcent pas comme ils s'écrivent. C'est ainsi pour les familles Broglie, Talleyrand, Castellane, Croÿ, La Treimoïlle, et bien entendu Castries. On les prononce : Breuil, Talrand, Caslanne, La Tremouille et Castre. Dernier conseil en matière de familles dites « nobles » : si on porte à l'état civil une jolie particule, on ne parlera jamais des « de Machin », mais des « Machin », sauf si le nom est monosyllabique ou s'il commence par une voyelle ou un h muet. On dira ainsi : « Je vais casser la croûte chez les d'Orléans, avec les d'Harcourt et les d'O. »

Pour en finir avec les titres, on ne peut que se désoler que leur usage soit si souvent galvaudé, surtout parmi les membres de l'ancienne noblesse qui ne connaissent plus les règles de transmission qui prévalaient autrefois. Que de jeunes filles se disent « comtesse » alors qu'en France elles ne portent pas de titre ! Combien de marquis par adoption, de ducs adultérins, de princesses d'opérette ! Dans ces conditions, suggérons que la République se décide enfin à supprimer les titres.

8

COMMUNIQUER

Si vous pensez que votre grand-père né en mai 1878 et mort en juillet 1969 a connu bien des bouleversements dans son existence, que dire de vous qui, à l'aube du troisième millénaire, n'êtes pas capable de vous repérer dans un monde qui connaît des révolutions technologiques inouïes ? Certes, le grand-père né au XIXe a connu des changements qui ont adouci son quotidien. Il a vu naître la fée Électricité, l'automobile, l'avion, le chauffage central, le phonographe, le frigo, le cinéma, la télé et, bien entendu, la radio, et on comprend pourquoi il est mort d'une crise d'apoplexie en voyant des Américains jouant au golf sur la Lune. Oui, c'est vrai, le brave homme a traversé le siècle en assistant à toutes sortes de changements, mais il a eu le temps de s'y faire, car la technologie a pris le sien pour s'imposer. En ce qui nous concerne, l'évolution des moyens de communication est si rapide qu'il faut se tenir quotidiennement au courant pour ne pas apparaître comme un vieux mammouth au regard de notre entourage. Il y a donc des mots et des expressions qu'il faudra bannir de votre vocabulaire et d'autres que vous devrez enregistrer sur votre disque dur, j'entends votre cerveau.

Vous n'envoyez pas de bélinogramme par les bons soins des PTT, mais une télécopie *via* le réseau de France Télécom. Les télégrammes, les pneumatiques ou encore les Télex sont à reléguer au placard. Pour être *in* et mériter le respect de vos contemporains, il faut vous équiper. Dans un premier temps, gardez le bon vieux téléphone en Bakélite de Papa et adjoignez-y un répondeur téléphonique qui fera office de secrétaire particulier non syndiqué. Puis viendra une période d'intense réflexion sur le choix des moyens de communication que vous devrez acquérir. Vous avez votre abonnement France Télécom, c'est déjà un début, mais il vous manque le sacro-saint portable et l'ordinateur pour votre e-mail.

C'est là que vous devrez être un pro, car il est impératif de bien connaître le marché pour ne pas se faire avoir. À propos du portable, prenez grand soin de choisir le meilleur réseau et le meilleur forfait. Le meilleur réseau, c'est celui que vous captez correctement aussi bien chez vous que place de l'Étoile. Le meilleur forfait, c'est celui qui vous permettra de causer le plus longtemps possible au moindre coût.

Vous êtes suffisamment compétent pour bien intégrer dans votre petite cervelle que, si vous dépassez votre forfait ne serait-ce que d'une malheureuse petite heure, vous courez à la ruine. Ce qui vous étonne le plus, c'est qu'appeler un ami sur son portable au coin de la rue vous coûtera plus cher que de donner un coup de fil à un cousin d'Amérique. À mesure que vous maîtriserez les subtilités de la téléphonie et principalement les tarifs des télécommunications, vous vous demanderez pourquoi rester abonné à

France Télécom pour un poste fixe. Nanti de votre portable avec un forfait soir et week-end gratuit, vous jubilerez lorsque, dès 8 heures du soir, vous appellerez durant des heures vos amis aux quatre coins de la France pour presque rien.

Avec un portable, c'est bien, mais pas suffisant. Maintenant, c'est un ordinateur que vous vous devrez d'acquérir. Lequel choisir ? Combien de Ram, de Rom, de capacité de DD, de *Pentium I, II, III, IV,* de giga-, kilo- ou megahertz ? Vous n'en avez aucune idée. Vous voulez le top de la technologie à moindre prix, car vous savez qu'à peine branché chez vous votre bel ordinateur dernier cri sera une antiquité. Ce qui vous importe, c'est d'avoir votre e-mail et de surfer sur le Net. Vous trouverez bien un vendeur de PC pour vous aider à faire le bon choix.

Voilà donc la bête qui arrive chez vous et qui va prendre place sur votre bureau, juste à côté de votre téléphone. Vous n'aviez pas songé à la place que cet engin pouvait prendre… Un écran, une énorme tourelle qui abrite le cœur de la machine, une imprimante, un scanner, un graveur de CD. Une *web cam*, des haut-parleurs, un microphone, c'est bien encombrant, mais pour être branché il faut savoir composer avec la technologie. Vous contemplez votre ordinateur avec respect et admiration. Comment a-t-on pu s'en passer pendant des siècles ? Il fait tout. Machine à écrire, calculatrice, tourne-disque (pardon, lecteur de disque laser), magnétoscope avec le lecteur de DVD, Minitel, répondeur téléphonique, magnétophone, caméra, appareil photo, téléphone, fax, horloge. La seule fonction qui lui manque, c'est de faire le café le matin. Maintenant, il est temps de vous brancher sur le Net, mais avant tout le choix d'un fournisseur d'accès s'impose. Auprès de qui s'abonner ?

Wanadoo ? AOL ? Club Internet ? Aucun de ceux-là, car il faudrait être bien stupide pour ne pas choisir un fournisseur d'accès gratuit qui propose les mêmes services que les précédents. Pour se connecter ? Rien de plus facile. Il suffit de donner à manger à l'ordinateur un de ces CD-Rom qu'on trouve dans les revues et de suivre les instructions affichées sur l'écran. À propos de CD, il ne faut jamais vous en défaire, même s'ils vous paraissent inutiles, car un CD a plusieurs fonctions postusage. Ils seront de très bons supports pour vos verres et feront la joie de vos amis jardiniers, qui les accrocheront à leurs cerisiers pour effrayer les merles. Succès garanti. Vous n'êtes pas du genre à vous lancer des fleurs, mais tout de même vous êtes un pro de l'informatique. Sans aucune formation, vous êtes malgré tout capable de vous connecter tout seul à Internet sans demander aucun conseil à vos amis. Si vous êtes si à l'aise dans ce domaine, c'est que vous avez compris qu'en informatique il ne fallait surtout jamais comprendre quoi que ce soit et suivre à la lettre les petites indications inscrites sur votre écran. Exercer un peu votre index pour cliquer sur le mulot sera le seul effort à fournir pour maîtriser *Windows*.

Vous êtes maintenant à deux doigts de découvrir l'Internet. Cramponné à votre bureau, vous cliquez d'un coup de souris anxieux la case « connexion à Internet » et... un bruit assourdissant émane de votre PC ; c'est le modem qui tente de rentrer en contact avec votre fournisseur d'accès, et puis silence... Une fenêtre s'ouvre sur l'écran de votre machine et vous êtes sur le Net. Instant empreint d'émotion. Vous savez maintenant ce que Christophe Colomb a dû ressentir lorsqu'il découvrit les Amériques. Un rapide aperçu des pages d'accueil de votre hébergeur vous permet de tout savoir sur votre ville, sur le temps qu'il fait à Manille, les tendances astrales de votre chien, les dernières amours de Caroline de Monaco. C'est passionnant, mieux que le Minitel et surtout moins cher. Comme vous êtes seul chez vous, curieux comme une vieille dame, vous pensez immédiatement qu'il serait amusant d'aller visiter quelques pages grivoises. Grâce à votre moteur de recherche, vous tapotez quelques mots du genre « fesses », « seins », « sexe » et immédiatement des milliers de sites vous sont proposés, vous avez l'embarras du choix, et même des sites gratuits. C'est alors que vous découvrez qu'en matière de sexe vos connaissances sont à revoir et que vous faites montre d'un manque d'imagination inouïe. Il y a aussi des sites où des couples font des choses devant une caméra en ligne. Ça vous dépasse, mais ça vous amuse. Hormis le sexe, l'Internet vous permet d'acheter du foie gras, de connaître les horaires de train, de relire les oraisons funèbres de Jacques Bénigne Bossuet, mais principalement d'envoyer des e-mail.

Depuis le temps qu'on vous méprise parce que vous n'avez pas de boîte aux lettres, maintenant vous allez pouvoir arroser vos amis d'une abondante littérature. Nanti d'*Outlook* ou encore de *Netscape*, vous composez un gentil petit message à l'adresse de vos camarades. Ne sachant pas quoi leur écrire d'original, vous vous contentez d'un : « Bonjour, je suis branché, voici mon adresse, charles.de.castries@libertysurf.fr ». Ce que vous n'aviez pas encore bien compris c'est que, *via* le Net, on pouvait s'envoyer non seulement du texte, mais aussi des images, des programmes informatiques et du son. Ce sont vos amis qui, aussitôt qu'ils auront vos coordonnées, se chargeront de vous le rappeler. En effet, dès que vous vous reconnectez, une dizaine de messages vous attendent. Ravi, vous les ouvrez, pensant y trouver quelques mots sympathiques de vos amis. Que nenni ! C'est une avalanche de messages très olé olé qui s'abat sur vous. Dans le premier, envoyé par une relation de la BNP, c'est un petit film où une dame légèrement vêtue s'amuse avec une canette de Coca. Votre cousine qui travaille aux Objets trouvés vous transmet d'un petit programme informatique qui, dès son ouverture, fait apparaître sur votre écran une personne en maillot de bain qui s'installe sur une serviette éponge tout en vous regardant travailler. De temps à autre, elle change de position en vous envoyant de chaleureux baisers. Un troisième mail, qui provient de l'évêché, est un jeu où il faut tuer un maximum de Saddam Hussein qui se promènent sur l'écran. En étudiant la liste des gens qui reçoivent ce genre de courriels (terme venant de la Belle Province), vous pensez que décidément au Crédit lyonnais, chez l'Oréal ou au ministère des Armées, on s'amuse beaucoup.

Il n'y a pas que des messages drôles et salaces, il y a aussi les messages pieux de vos relations catho tradi. Ici, c'est une pub pour aller à Lourdes avec l'ordre de Malte, là, une photo de la Vierge avec une prière ou encore une chaîne d'amitié pour les enfants du Népal. Tordu comme vous êtes, vous leur faites parvenir des mails hérétiques. Vous vous branchez sur un site qui propose de vous faire parvenir des photos hot dans votre boîte. Vous inscrivez alors l'adresse de vos saintes relations qui ne sauront jamais d'où vient le coup. Vous vous régalez déjà à l'idée que demain une grenouille de bénitier de vos amies ouvrira son courrier et verra deux hommes tout nus dans des postures extraordinaires.

Que c'est beau l'informatique ! Oui, c'est beau, jusqu'au jour où votre précieux jouet fait des siennes, en un mot quand *Windows* vous plante, car tôt ou tard Bill Gates deviendra votre bête noire. Un beau matin, vous allumez votre nouveau compagnon qui tout d'un coup se bloque. Vous éteignez puis rallumez la bête, rien à faire, elle refuse toute commande. Inquiet, vous tentez d'appuyer sur tous les boutons du clavier. Toujours rien ! Vous faites quelques incantations et appliquez une médaille miraculeuse sur le disque dur. Rien ! Au bord de la dépression, vous appelez le constructeur pour qu'il vous aide à remédier à ce fâcheux problème. Une charmante technicienne vous prend en ligne pour tenter avec vous de redonner vie à la bête. Elle vous pose quelques questions sur votre PC et vous demande si vous avez téléchargé souvent des logiciels sur le Net et si vous ouvriez votre courrier avec un antivirus. Vous de répondre aussitôt que non, elle de vous annoncer que votre disque dur est probablement vérolé. Bien, mais encore, quel vaccin pour le guérir ? Écraser le disque dur ! Ce qui signifie effacer toutes les données inscrites dessus et réinstaller *Windows*, tous vos logiciels et drivers. Cette opération vous prendra au bas mot quatre ou cinq heures, et le travail non sauvegardé sera perdu à jamais. Ça vous apprendra à ne pas avoir enregistré votre roman de mille pages sur disquette !

Il est vrai que les bonnes vieilles méthodes de communication ont aussi du bon. À force d'utiliser les machines, sans le savoir, vous êtes devenu incapable de faire une division ou une multiplication sans calculette. À force d'utiliser le correcteur orthographique de votre traitement de texte, votre orthographe en a pris un sérieux coup. Pourquoi faire un effort quand la machine se charge de tout remettre en ordre, du moins à sa façon ? Vous êtes tellement habitué à écrire avec votre PC que vous ne savez presque plus vous servir d'un stylo. Pourtant, si les paroles s'envolent, les écrits restent, du moins les écrits sur papier et de votre main. On sait ce qu'il peut advenir d'une disquette ou d'un disque dur.

Mais votre temps est précieux. Dans la plupart des cas, un coup de fil suffit à remplir vos obligations. Un décès ? Votre présence à l'enterrement sera le meilleur témoignage de votre sympathie. Une vieille tante à héritage ? Elle ne voit plus rien, le téléphone lui fera bien plus plaisir. Une amie dont vous êtes amoureux ? N'envoyez jamais de lettre enflammée. Lorsque Cupidon s'en mêle, on est capable d'écrire des stupidités inouïes. Un ennemi ? Il vaut mieux lui dire sans témoin ce que vous avez sur le cœur. Noël ? La tradition des vœux de fin d'année est stupide, donc vous vous abstenez. Des cartes postales ? Vous n'en écrivez qu'aux gens que vous n'aimez pas, pour les mettre en situation délicate. À ce personnage conventionnel et coincé, envoyez une carte postale d'Ibiza ou de Mikonos. Dites-lui combien vous et vos amis regrettez son absence sur les plages de nudistes et signez de votre nom, en finissant la carte par une formule du genre « ton petit Charles qui t'aime et t'embrasse tendrement ». Avec un peu de chance, sa concierge en fera ses choux gras et sa réputation dans son immeuble sera gravement atteinte.

Il y a hélas des occasions où il est plus difficile de se défiler. Pour répondre à une invitation, pour correspondre avec l'administration, pour remercier des amis après un séjour chez eux, pour chercher du travail. Répondre à une invitation est ce qu'il y a de plus simple. Une simple carte de visite suffit. Vous pouvez en imprimer grâce à votre ami le PC. Cette carte comprendra vos noms, téléphone et e-mail (ce qui est le comble du chic). Qu'on soit homme ou femme, malgré les recommandations des vieilles baronnes, on mentionnera son adresse. C'est utile si on veut vous contacter. En ce qui concerne la formulation, elle sera invariablement la même, donc ne vous demandera pas d'effort stylistique. Un simple « Charles de Castries remercie Monsieur ou Madame Tartempion de son aimable invitation à laquelle il se rendra avec plaisir ».

Avec l'administration, il existe une abondante littérature qui vous propose des lettres types que vous pourrez pomper sans vergogne et qui sont adaptées à tous les conflits possibles et imaginaires. Plaintes à son assureur, réclamations diverses, demandes de prolongation de bail, etc. Souvenez-vous que composer une lettre pour une administration n'est pas un concours de style et que vous ne serez jamais jugé sur la forme mais sur le fond. Pas besoin d'expliquer que vous êtes en phase terminale d'un cancer du foie pour obtenir des caisses de la Sécu un remboursement. Que votre lettre soit truffée de fautes d'orthographe n'est pas non plus très grave.

Ce qui est plus difficile, c'est de pondre une lettre de remerciements après avoir abusé pendant plusieurs jours de l'hospitalité d'amis. Ce genre d'écrit, qualifié de « lettre de château », est un pensum qu'il n'est pas toujours aisé de passer à la trappe. Si vous manquez totalement d'inspiration, bornez-vous à sortir des banalités du genre « votre accueil si chaleureux… votre maison si belle… vos enfants si charmants… », vous ne prendrez pas de risque. La dernière occasion d'écrire est bien entendu pour solliciter un emploi, mais c'est une autre histoire.

9

AU BUREAU

Que vos études furent longues et laborieuses ! Mais vous voici tout de même nanti de jolis diplômes. Vous savez bien qu'aujourd'hui le bac ne valant pas grand-chose, les études supérieures sont indispensables pour espérer décrocher un emploi. Avec votre bac plus quatre en communication, une licence de psychologie et un Deug de droit, c'est sûr, le monde est à vous. Les patrons se battront pour vous recruter dans leurs entreprises, en vous proposant comme salaire de départ entre deux cent et trois cent mille francs. Vous ne savez pas encore ce qui vous attend dans cette jungle qui est celle du monde du travail. Vous déchanterez bien vite car, au cours de vos recherches pour un emploi, vous vous rendrez compte que vos diplômes ne valent rien et que personne ne vous espère comme le Messie.

Mais avant d'aller quémander un poste, il vous faut composer un CV. Pendant vos études, personne ne vous a appris à en faire un, vous chercherez quelques conseils auprès de vos bons amis. Bombardé de toutes parts d'avis divergents, vous finirez par acheter un guide du CV pour réussir à pondre quelque chose de correct. Il sera court, pertinent, et mettra en valeur vos talents. Un simple stage « photocopie » chez IBM deviendra un stage de consultant en informatique, vos vacances à Ibiza seront un séjour linguistique. Passionné de football, vous serez donc féru de sport en équipe, car il faut éviter de pratiquer des activités en solitaire qui ne font pas bon genre. Vous êtes un as en informatique, maîtrisant *Windows 98, Word 97, Excel* et *Tomb Rider,* et vous lisez Dickens dans le texte comme Goethe. Avec ça, si on ne vous prend pas, c'est que les chefs d'entreprise sont des imbéciles.

Fier comme Artaban, vous présenterez ce superbe *curriculum vitae* à vos amis. Erreur fatale ! Tous iront de leurs petits commentaires et conseils de vieux routiers. « Mon Dieu, diront-ils, la présentation est mauvaise… Comment, tu n'as pas dit que tu étais marié et père de quatre enfants ? Ton cursus universitaire n'est pas clair, etc. » Tant et si bien que vous le referez une bonne dizaine de fois, ce CV, jusqu'au jour où, n'en pouvant plus, vous déciderez de ne plus demander de conseils.

Vous voici finalement avec un *curriculum vitae* qui paraît convenable. Vos nom, adresse et âge sont bien inscrits en haut à gauche. Vous vous êtes bien gardé de donner votre date de naissance, mais simplement l'année où vous avez vu le jour. Votre employeur futur ne vous souhaitera certainement pas votre anniversaire et risque de calculer votre thème astral comme moyen de sélection. Si vous êtes scorpion ascendant scorpion, personne ne voudra de vous. Si vous êtes une jeune fille, évitez de mentionner votre situation familiale. Il sera toujours temps de la signaler au cours de l'entretien d'embauche qui suivra une première sélection. Imaginez que vous soyez une jeune et jolie femme célibataire, votre candidature risque fort d'être recalée. Votre futur employeur pensera que vous convolerez rapidement pour faire ensuite un tas de bébés et que vous serez régulièrement en congé maternité. Il se défiera aussi de la jeune mère qui devra s'occuper de ses enfants au détriment de ses charges dans l'entreprise. Pour le poste, c'est une femme ménopausée et mère de grands enfants qui empochera le gros lot. Celle-là, au moins, ne tombera plus enceinte. Courage, les quadragénaires !

Comme un CV seul n'émeut aucun patron, une lettre dite de « motivation » doit l'accompagner. Vous savez comment la rédiger et quel sera son contenu. C'est très simple. Le corps du texte comprendra le panégyrique de la société que vous visez, du style : « Je vous ai choisi parce que vous êtes le leader dans le domaine du yoghourt, yoghourt dont je raffole depuis ma tendre enfance. » Ensuite, vous sortirez une phrase vantant vos mérites, expliquant que vous êtes l'homme, ou la femme, de la situation. « Fort d'une première expérience dans le domaine des produits laitiers (séjour à la ferme que vos parents vous ont imposé alors que vous aviez douze ans, où vous fûtes l'esclave des fermiers qui se déchargeaient sur vous des corvées), je pense être en mesure de beaucoup apporter à votre entreprise. » Vous avez lâché le mot magique en rappelant que vous ferez gagner de l'argent à la société. Vous conclurez cette missive en sollicitant un rendez-vous. Ce chef-d'œuvre de littérature sera bien entendu un chef-d'œuvre d'hypocrisie. Vous détestez les yoghourts, vous avez choisi cette entreprise au hasard et faute de mieux ; enfin, vous ne valez pas un clou comme commercial. En fait, vous ne savez pas quelle carrière vous tente vraiment. Alors vous vous lancez en cherchant à tâtons, un coup dans les banques, un coup dans les assurances, secteurs qui vous paraissent tout à fait correspondre à l'image que vous avez de vous-même. Seulement voilà, vous n'êtes pas le seul en lice. Vous vous apercevez que les employeurs sont de plus en plus exigeants. Pensez donc, aujourd'hui, ils peuvent s'offrir un HEC pour presque rien avec une vague promesse d'embauche. Là, c'est un commercial que l'on cherche. Il doit avoir moins de trente ans et un bac plus quatre. Cela vous paraît parfait mais, manque de chance, il faut avoir une voiture. Un assureur propose un CDD. Pourquoi pas ! Oui, mais à Toulouse. Un cabinet de consultants est en quête d'un jeune et dynamique diplômé, le salaire est aguichant et les compétences requises sont les vôtres. Vous n'en revenez pas, l'homme de la situation, c'est vous. Ne vous emportez pas si vite, vous n'avez pas bien lu l'annonce. La pratique du chinois mandarin est exigée. Résultat, parmi une centaine d'annonces, vous n'en retiendrez qu'une ou deux… et encore.

Après six mois, un an, le résultat de vos démarches est maigre. Trente sociétés ont pris la peine de répondre la même lettre type du style : « Malgré le niveau de vos compétences, nous regrettons de ne pouvoir donner suite à votre candidature. » Trois entreprises vous ont cependant accordé une entrevue. Le directeur du personnel de la première vous a reçu visiblement pour justifier son poste, car vous savez pertinemment que son secteur ne recrute plus depuis des lustres. Après enquête, vous apprenez que la deuxième société est au bord du dépôt de bilan. Quant à la troisième, elle fait fi des règles fondamentales qui régissent le code du travail, et vous n'avez aucune envie de travailler pour un négrier fasciste.

Une année s'est ainsi écoulée. Votre entourage s'en mêle et l'enfer commence. On se propose de vous aider en vous faisant des suggestions parfois surréalistes. Préparez-vous à avaler des couleuvres ; vous en entendrez des vertes et des pas mûres. Un premier groupe d'individus éprouvera pour vous une très grande compassion. Ils viendront vers vous et vous plaindront en se lamentant sur votre sort. « Ah ! que ta situation doit être difficile à vivre ! Comment fais-tu pour garder le moral ? » Ne comptez pas sur eux, ils ne bougeront pas le petit doigt.

Le deuxième groupe, type « de-quoi je-me-mêle », s'intéressera à votre situation professionnelle. Ces vieux de la vieille, qui ont beaucoup d'expérience et connaissent la terre entière, se font fort de vous sortir de là. Ils vous reçoivent au cours d'un rendez-vous informel et l'entretien se finira immanquablement par un : « Écoute, je vais passer ton CV à Untel qui te contactera. » Vous n'aurez jamais aucune nouvelle d'Untel.

Le troisième groupe est celui des conseillers en formation. Toujours là pour vous donner un conseil judicieux, par leurs réflexions désobligeantes, ils feront naître en vous une irrésistible envie de meurtre. D'abord, il y a le cousin qui vous propose d'être garçon vacher dans le ranch d'un de ses amis texans. Il y a aussi le pessimiste qui vous dira tout de go que vous n'avez aucune chance d'être embauché. Votre destin est scellé, il ne vous reste qu'à passer des concours administratifs ou à intégrer la Légion étrangère, si elle veut bien de vous.

Vous avez tout mis pour trouver un poste stable. Vous vous êtes inscrit à tous les stages de formation que l'ANPE a mis à votre disposition. Vous êtes parti à Lourdes et à Fatima. Vous êtes devenu un pilier d'Église et passez vos après-midi à la chapelle miraculeuse. Toutes les voyantes que vous aviez consultées vous avaient pourtant prédit gloire et fortune, mais rien à l'horizon. Vous vous sentez prêt à tout pour décrocher ne serait-ce qu'un petit poste, même avec un peu de sorcellerie. Puis c'est le miracle, le téléphone sonne : on vous convoque à un entretien, suite à un courrier que vous aviez envoyé il y a deux ans à une PME.

Après enquête auprès du tribunal de commerce, vous êtes confiant dans la pérennité de l'entreprise qui semble s'intéresser à vous. Vous vous préparez moralement et physiquement à la rencontre. Toutes les chances sont de votre côté. Costume-cravate, rasé de près, bien coiffé, vous ressemblez à un battant, un de ces *golden boys* qu'on voit dans les magazines. Tellement excité à l'idée que vous allez bientôt alléger les statistiques du chômage, vous arrivez en avance au rendez-vous. À l'heure fixée, vous vous trouvez dans les murs de votre futur employeur. Votre exactitude vous honore et est remarquée. On vous introduit dans l'antre du grand manitou qui vous invite à vous asseoir. L'interrogatoire stalinien va commencer, à vous d'y répondre le mieux du monde. N'oubliez pas que vous êtes là pour vous vendre comme une de ces dames du bois de Boulogne. Tout en parcourant votre CV, le recruteur vous assomme de questions, toujours les mêmes d'ailleurs : « Quelle est votre formation ? Pourquoi avoir choisi notre secteur d'activité ? Comment se sont passées vos précédentes expériences ? Ont-elles été bénéfiques ? Que pensez-vous pouvoir nous apporter ? » Là, il ne faut pas se planter. Si votre formation est légère, gonflez-la un peu, mais pas trop. Par exemple, votre école de commerce était classée parmi les meilleures, sans plus de détail. De toute façon, c'est votre profil qui intéresse. Sur le choix de l'entreprise, racontez que vous êtes un passionné et que, depuis le berceau, votre ambition était d'intégrer ce secteur d'activité. À propos des dernières expériences, transformez votre stage d'esclave dans un cabinet d'expertise comptable en stage de comptable tout court. Lorsqu'on vous demande ce que vous pensez offrir, allez-y franc-jeu : votre joie de vivre, votre humeur joviale, vos compétences inégalées en la matière. Les questions les plus intimes viennent ensuite. On vous demande de parler de vous, en somme de vous mettre à nu. Comme un écolier, vous aviez préparé un petit argumentaire. Ni Einstein ni attardé mental, vous connaissez vos atouts et vos limites. Dieu merci, on ne vous a pas demandé de passer cet entretien en anglais. Il semble que l'opération « séduction » se soit bien déroulée. L'heure du verdict a sonné. Victoire, on vous fixe un autre entretien. Mais vous allez vite déchanter lorsqu'on vous avouera que votre candidature est retenue, mais que vous n'êtes pas seul sur ce poste. Ce sera après avoir passé des tests que la direction se décidera. Vos sentiments chrétiens en prennent un coup, car ce sera vous ou l'autre. C'est la loi du plus fort qui est ici de règle, pas de quartier.

Votre lettre de candidature est entre les mains d'un graphologue qui, sûr de sa science, fouillera le tréfonds de votre personnalité pour pondre à votre sujet un rapport psychologique souvent loin de la réalité. À quoi bon passer ces tests, ce sont tous les mêmes, et vous avez eu tout le temps pour les préparer. Depuis que vous en connaissez les pièges et travers, votre QI est passé de 80 à 160. Mais vouloir paraître trop intelligent peut être nuisible. Un patron, de crainte de se voir supplanté par un génie, peut préférer s'entourer d'individus moins doués, plus malléables et corvéables à merci. Tests réussis, naïf que vous êtes, vous imaginez que le choix final du postulant est fait. Que nenni ! le sadisme de votre recruteur n'a pas de limites. N'étant toujours pas fixé, il veut encore une dernière fois vous rencontrer, mais avec le dernier concurrent en lice. En somme, c'est un combat à mort qu'il veut s'offrir pour assouvir ses mauvais instincts. Qui, de vous ou de votre concurrent, se relèvera victorieux ? Ce sera vous !

À peine entré sur le ring, observez votre adversaire, analysez ses points faibles et surtout laissez-le s'enferrer. Le directeur du personnel sera l'arbitre. On sonne le premier round. « Quels sont vos motivations ? » Laissez l'autre s'exprimer en premier : « Après vous cher monsieur… » Il s'embrouille et sue à grosses gouttes. C'est bon signe. À votre tour. Vous reprenez ses arguments en flattant la société qui est en croissance constante depuis cinq ans. Ne videz pas toutes vos batteries d'un coup.

Deuxième round. « Quelles sont vos compétences et que pensez-vous nous apporter ? » Ici, florilège de banalités. L'expérience, l'esprit d'analyse, le portefeuille relationnel seront invoqués par les deux parties.

Troisième round. « Quelles sont vos exigences en matière de rémunération ? » Catastrophe, vous perdez les pédales. Dès qu'on parle d'argent, c'est la panique. Vous vous en sortez péniblement en affichant des ambitions modestes. 1 à 0.

Dernier round. « Êtes-vous mobile géographiquement ? » Votre adversaire avoue que sa femme a un emploi qu'elle ne peut quitter dans l'immédiat. De plus, en milieu d'année scolaire, recaser les enfants dans un autre établissement n'est pas chose aisée.

L'instant est jubilatoire. Vous êtes célibataire et libre comme l'air. S'il le faut, demain vous pouvez vous installer à Bamako. Vous emportez la partie par K.-O.

Formidable, vous avez enfin décroché votre premier emploi. Certes, le salaire n'est pas mirobolant, mais c'est toujours mieux que le RMI. Votre première journée en entreprise se profile. La veille, vous évitez tous les excès pour paraître à votre avantage devant vos futurs collègues. Vous vous couchez tôt et réglez la sonnerie de votre réveil sur 7 heures, geste oublié depuis longtemps. Vous ne fermez guère l'œil de la nuit et mille angoisses vous torturent. Serai-je à la hauteur ? Mes collègues seront-ils gentils ? L'ambiance des bureaux sera-t-elle convenable ? Pourrai-je rester devant mon bureau huit heures par jour sans bouger ? 7 heures sonnent. Le réveil est atroce. Avec peine, vous vous glissez sous la douche, vous vous rasez et avalez un médiocre café et une tartine beurrée. Vous êtes déjà en retard et vous vous précipitez dans le métro. Zombie parmi les zombies, vous voguez inconscient vers vos bureaux qui, sans que vous vous en doutiez encore, seront bientôt une prison.

L'accueil est relativement chaleureux. Vous serez chaperonné les premiers jours par un vieux de la vieille qui est chargé de vous faire connaître l'organigramme de la société. Le petit nouveau que vous êtes sera trimballé de service en service comme la curiosité du moment. Vous apprendrez vite quels sont les endroits stratégiques et décisionnels de la société : le bureau du grand manitou, le distributeur de boissons chaudes, la cafétéria et, bien entendu, les toilettes où il est possible de croiser le chef de service tous les jours à 10 h 10.

Vos premiers jours de travail seront paisibles. Aucune mission ne vous sera confiée. Vous en profiterez pour jouer à l'ethnologue en observant les acteurs de la vie sociale. Vous serez très vite édifié sur la réalité du monde du travail. Vos illusions bien vite s'envoleront lorsque vous réaliserez dans quel panier de crabes vous allez vivre. On ne parle plus de savoir-vivre, mais de comment survivre. Ce sont les secrétaires qui, les premières, vous renseigneront sur les mœurs de vos employeurs. Il faut toujours être copain avec elles, car elles sont bien plus puissantes qu'on ne l'imagine. Elles savent tout sur tout et font la pluie et le beau temps, en particulier quand il s'agit de glisser un dossier ou une requête sur le bureau du patron. Très vite, si vous savez y faire, vous saurez qui couche avec qui et qui veut la peau de qui et, surtout, qui a réellement le pouvoir décisionnel.

Vous voici édifié sur la personnalité et les travers de vos collègues. Il faudra composer avec les petits chefs, les lèche-culs, les faux culs, les vieilles secrétaires aigries et les jeunes loups prêts à tuer père et mère pour parvenir à leurs fins. Travailler en entreprise n'est pas ce que vous imaginiez. C'est un champ de bataille permanent où personne ne vous voudra du bien, où tout le monde sera aux aguets, paré pour vous descendre en flammes.

Élevé bourgeoisement dans la crainte du prolétariat, depuis vos dix-huit ans vous avez toujours voté pour la droite traditionnelle. Constamment déçu par l'insondable bêtise de ses dirigeants, vous continuez pourtant à camper à droite. Mais, à mesure que vous vous installez dans l'entreprise, des velléités marxistes naissent dans votre cœur. Vous, le farouche ennemi du Front populaire et de la gauche plurielle, voici que vous leur rendez grâce pour les avancées sociales dont vous bénéficiez aujourd'hui. Oui, vous virez à gauche, sans réellement savoir ce qu'être à gauche signifie. Comme le marché du travail est bouché, vos tortionnaires vous pressent comme un citron. Vous êtes jeune et doué, ils vont en profiter. Vos supérieurs vont se décharger sur vous des tâches ingrates, la pression sera insoutenable. Votre période d'essai de trois mois pourra être renouvelée à condition que vous en soyez digne, alors la peur au ventre vous allez donner le meilleur de vous-même. À la différence de la hiérarchie, vous travaillez effectivement dix à douze heures par jour. Bien vite, vous réaliserez que c'est vous, le pauvre jeune diplômé, qui êtes le plus efficace dans l'entreprise. C'est vous qui dénichez les clients, c'est encore vous qui, réalisant des études de marché, participez à la croissance de la société, alors que l'encadrement n'est rien. Et les chefs dans tout cela ? Que font-ils ? En vérité pas grand-chose. Le grand manitou n'est jamais dans son bureau. Il est soit en conférence soit en entretien. Comprenez qu'il est au golf avec des amis ou en train de s'envoyer en l'air. Son passe-temps favori est de manger avec des camarades de promotion de l'ÉNA, ce qui explique cet embonpoint caractéristique de la cinquantaine. Votre chef de service, quant à lui, se sert de votre travail comme s'il s'agissait du sien. Il en récolte les bénéfices pour son compte. En résumé, lorsque la base travaille, les gros dorment. C'est décidé, demain vous votez pour Arlette !

10

VIVRE PAUVRE

La pauvreté, qui n'est pas, bien entendu, la sœur de la misère, est un état économique fondé sur des critères imposés par les canons du capitalisme triomphant. Est pauvre celui qui ne consomme pas comme on voudrait qu'il consomme. Sans vouloir entrer dans des considérations politiques, on ne peut s'empêcher de douter de la bonne santé mentale d'une économie qui n'a de cesse de privilégier le capital au détriment du travail, alors que ce dernier fonde la valeur du premier. Mais, à quoi bon se lancer dans une étude psychologique du capitalisme moderne… Ce qui nous intéresse, c'est que nous ne vivons pas comme les *golden boys* de New York et que nous ne nous portons pas plus mal qu'eux. Car enfin, être pauvre ne doit pas être pris comme une tare, mais comme une qualité. En un mot être pauvre c'est chic, et parfois ça peut vous rendre plus heureux et même, plus intelligent.

Il y a encore quelques mois, vous étiez cadre dans une grande banque. Tout allait bien, et votre train de vie était à la mesure du salaire correct que vous receviez. Une excellente nouvelle vous rassurait quant à votre avenir au sein de ce groupe, car jamais, depuis des lustres, les bénéfices n'avaient été si élevés. *A priori*, vous deviez escompter une promotion qui semble arriver, lorsque le directeur des ressources humaines vous convoque pour vous annoncer votre licenciement, suite à une vaste campagne de compression de personnel. Le coup est rude. Pourquoi se faire licencier alors que le secteur bancaire se porte comme un charme ? C'est qu'il faut faire encore plus de bénéfices pour que les fonds de pension américains en profitent. Bref, vous êtes une victime du libéralisme sauvage, qui va devoir s'adapter à une nouvelle situation économique, tout en gardant un semblant de joie de vivre malgré les affres qui l'attendent.

L'apprentissage de la pauvreté est long. Il vous fera passer d'un état d'angoisse profonde à un état de détachement presque total des biens matériels. Votre licenciement ne vous a pas fondamentalement bouleversé. Après moult tractations, vous avez récupéré quelques primes par-ci, par-là et les Assedic vous versent une allocation chômage décente. Vous n'êtes pas paniqué, car vous pensez qu'avec votre expérience professionnelle et votre charisme, les chasseurs de têtes vont s'arracher votre candidature. Mais il semblerait que, depuis quelques années, ces derniers fassent la fine bouche devant l'éventuelle embauche de cadres bancaires. Il va devenir difficile de vous caser à mesure que le temps passe, et les allocations chômage fondent comme neige au soleil. Il faut commencer à réduire votre train de vie, car votre banquier s'en mêle. Autrefois, du temps de votre splendeur, vos relations avec lui étaient courtoises, mais depuis peu vous recevez des courriers dont le ton est assez désagréable. Les termes utilisés vont *crescendo* jusqu'au jour où l'on vous menace d'interdiction bancaire.

Affolé, vous prenez rendez-vous avec votre chargé de compte qui, on ne peut plus sec, vous explique que votre situation est critique. Vous cherchez un quelconque accord avec ledit banquier, qui ne peut pas prendre de décision sans compulser l'ordinateur du siège central de la banque, pour vous consentir un prêt. Par chance, on peut vous accorder un crédit, mais avec un taux frisant l'usure. Vous n'avez pas le choix, car ce crédit est une bouffée d'oxygène qui vous permettra de parer au plus urgent. Vous pensez alors que si votre banque n'est pas mère Teresa ni l'abbé Pierre, elle profite largement de votre situation pour vous fourguer des produits financiers on ne peut plus onéreux. Les pauvres paient plus que les riches, c'est connu. Comme les pauvres sont plus nombreux que les riches, ils sont plus intéressants à plumer et plus rentables.

Maintenant que votre situation économique frise la catastrophe, vous éprouvez quelques angoisses quand le matin vous ouvrez votre courrier. Trois types de lettres vous mettent dans tous vos états. Celles provenant de la banque, celles de France Télécom et celles d'EDF. Vous allez connaître les joies des coupures de courant et de la suspension totale de votre ligne téléphonique.

Ces messieurs d'EDF vous ont fait parvenir une charmante missive vous annonçant leur passage pour vous couper l'électricité. Dieu merci, juste avant qu'ils ne se pointent, un ami vous libelle un chèque du montant de la note, ce qui vous sauve. Vous voici partiellement soulagé. Le préposé arrive donc chez vous et, fier comme Artaban, vous lui remettez le chèque. Là, il vous annonce que sur votre prochaine facture vous devrez payer un supplément de trois cents francs pour ne pas avoir payé à temps et pour avoir fait déplacer un agent d'EDF. Encore une arnaque au détriment des pauvres, venant d'une entreprise qui prétend fournir un service public.

Pour France Télécom, c'est plus délicat, car vous ne pouvez absolument pas payer. Vous êtes tellement à cran que vous n'ouvrez plus les lettres de relance. On vous coupera le sifflet par paliers. Dans un premier temps, vous pouvez appeler en province et à l'étranger, puis vient le stade où vous ne pouvez joindre que les numéros locaux, puis un jour, lorsque vous décrocherez votre téléphone, une voix d'hôtesse de l'air vous annoncera qu'il ne vous est plus possible d'émettre des appels, mais uniquement d'en recevoir. Un de vos amis qui tente de vous joindre vous apprendra par hasard que votre ligne est suspendue. Vous êtes alors seul au monde et humilié.

Afin de tenir le coup, vous accomplissez de temps à autre des missions temporaires, vous bricolez pour des amis au noir, ce qui vous permet de garder la tête hors de l'eau. Vous n'osez pas faire part de votre statut de pauvre à qui que ce soit, car vous avez vraiment honte de vous. Vous allez donc devoir réagir pour vivre cette situation d'une façon plus zen.

D'abord être fauché, raide comme un passe-lacet, ce n'est pas dramatique. Tant qu'on a un toit et de quoi se nourrir, la situation peut être assez bien vécue. D'ailleurs, vous n'êtes pas seul dans cette situation. Dites-vous que ce n'est qu'un passage à vide, qu'après la pluie vient le beau temps et que cette expérience de la pauvreté est un cadeau du Ciel pour vous permettre d'évoluer spirituellement. Désormais, rien ne doit vous affecter, et si EDF vient vous couper l'électricité, eh bien, qu'il vous la coupe. Vos grands-parents ont vécu sans et ne s'en sont pas portés plus mal. Ce sera amusant pour vous de vivre comme il y a un siècle, à la lumière des chandelles. Pour le téléphone, même chose. On se remettra à écrire pour contacter les amis. Puisque vous êtes au chômage, vous vous occuperez de cette manière.

On vient de vous interdire bancaire ? Pas de panique, on arrive à vivre sans carte bleue et sans chéquier, vous paierez tous vos achats en liquide et vous apprendrez à utiliser les mandats.

Maintenant il s'agit d'entrer dans la peau du pauvre et de se situer comme tel en société. Un ami vous propose de sortir au restaurant. Vous refusez en arguant de votre statut social. Si on veut vous voir, en tant que pauvre il est légitime qu'on vous invite. Ce n'est pas tous les jours qu'on a le plaisir et l'honneur d'inviter un pauvre qui s'assume. Le pauvre a droit à des égards auxquels les riches ne prétendent pas.

À mesure que vous rentrez dans la peau de votre personnage, vous êtes de plus en plus détaché des choses de ce bas monde. Les linceuls n'ont pas de poche ! Vous gagnez une liberté que vous ne soupçonniez pas et un rien vous rend heureux. Alors que votre voisin n'est jamais satisfait ou cherche à toujours gagner plus d'argent, vous, vous savez prendre votre pied avec trois francs six sous. Un morceau de pain et un petit fromage de chèvre sont pour vous un délice quand le canard au sang ne contente pas les richards. Être nanti ne vous effleure plus l'esprit, vous seriez même capable de plaindre les malheureux. Quelles angoisses pour eux de voir la Bourse s'effondrer et perdre trois millions en une séance. Quelles affres que de maintenir un château debout ! Que de soucis pour tenir une maison ! Vous n'êtes pas jaloux pour un sou, si ce n'est que vous trouvez que le monde est mal fait. En tant que chômeur pauvre, vous avez beaucoup de loisirs, mais pas beaucoup d'argent pour les occuper, alors que ceux qui travaillent n'ont pas le temps de dépenser leur argent.

Vous êtes tellement dégagé de vos soucis que maintenant vous trouvez amusant d'en parler avec ceux de vos amis qui vivent la même situation, pour échanger quelques tuyaux. Vous connaissez par cœur la liste de toutes les aides sociales auxquelles votre statut vous donne droit. Vous n'avez aucun complexe à les demander puisque, depuis dix ans que vous cotisez à des caisses diverses et variées, vous allez enfin en user vous-même. Aides au logement, au transport, aides sociales exceptionnelles, aides pour payer sa facture EDF en hiver, etc.

Le fait de devoir faire quelques coupes claires dans votre budget va paradoxalement être d'un bénéfice souverain. Enfin, vous trouvez une motivation réelle pour cesser de fumer. À raison de deux paquets de cigarettes par jour, soit quarante francs partant en fumée, vous allez faire de substantielles économies. Voyez que le chômage peut être salvateur !

Maintenant que vous êtes libre comme l'air, il est temps de penser à vous et de prendre soin de votre santé. C'est décidé, vous allez faire un check-up complet. Dents, yeux, pieds, dos, tout ce qui mérite d'être entretenu. Vos anciens médecins n'étant pas conventionnés, vous changez de praticiens en préférant ceux du service public. Là, vous vous rendez compte que vous êtes aussi bien soigné et même mieux. Pendant des lustres, votre ancien ophtalmologue s'est contenté de vous faire lire un tableau avec des lettres pour ensuite vous extorquer cinq cents francs. À l'hôpital, c'est bien différent, vous n'êtes délesté que de quarante-cinq francs et votre nouveau docteur vous fait faire des examens extraordinaires avec un appareillage ultramoderne. Comme ces médecins sont sous le contrôle de la Sécu, ils ne vous poussent pas à la dépense et se contentent de vous prescrire les médicaments utiles. C'est bien différent de votre ancien ORL dont les ordonnances rivalisaient avec un roman de Tolstoï tant elles étaient longues.

Bref, pour vivre heureux, vivons pauvres !

11

SAVOIR MOURIR

Ça y est, vous venez de passer le cap fatidique des quatre-vingt-dix ans et vous êtes en pleine forme. Votre vie est un paradis depuis que vous êtes veuf. Fini les sempiternelles réprimandes de votre femme qui vous interdisait tout. Vous ne deviez pas fumer au lit, vous étiez astreint à un régime anticholestérol déprimant, et votre tendre et douce cachait votre bouteille de whisky et votre tabac, qui étaient les seuls plaisirs que la vie vous réservait. Depuis que la vieille est morte, c'est une renaissance.

Fêter ses quatre-vingt-dix ans, c'est aussi faire un léger bilan sur son passé et faire des projets, puisque la nature vous a doté d'une santé de fer. Il faut dire que vous êtes un adepte inconditionnel de la reine mère, qui s'enfile, comme vous, sa bouteille de liqueur d'Écosse tous les soirs, et que vous vous êtes remis à fumer vos deux paquets de gauloises par jour. C'est mieux que du Lexomil pour se décontracter. D'ailleurs pourquoi se priver, quand le médecin vous annonce que vous avez les artères d'un jeune homme de soixante-dix ans. C'est certain, vous passerez allégrement le cap du siècle, au plus grand désespoir des caisses de retraite et de vos enfants qui ne rêvent que d'une chose, récupérer le pactole. Ah oui ! Vos enfants ! Surtout votre fils aîné, avec sa femme, une imbécile, fruit d'une bourgeoisie rébarbative. Ils ont soixante ans et aspirent aussi de jouir d'une retraite paisible, mais dans vos meubles. Combien de fois vous ont-ils suggéré de quitter votre appartement de deux cent cinquante mètres carrés de la rue de Lille pour un studio dans le XVe ou pire pour la chambre d'un mouroir qu'on appelle, pudiquement, une « maison de retraite ». Il n'en est pas question, vous êtes attaché à votre chez-vous, ils n'ont qu'à patienter.

Ce qui est curieux avec vous, c'est que l'âge venant, vous ressentez de plus en plus d'indifférence à l'égard de votre prochain, il n'y a plus que vous qui comptiez. La mort est un sujet qui ne vous effleure plus du tout l'esprit et vous laisse de marbre quand elle touche un de vos anciens camarades de classe. À ce sujet, vous vous régalez quotidiennement de la lecture du carnet du jour. Vos commentaires sur la liste des cadavres sont sans appel.

« Tiens, ce vieux con de Georges a cassé sa pipe, sa veuve va enfin respirer. »

« Lui aussi, Alain ! Le pauvre, mourir à soixante-dix-sept ans après avoir vécu une vie monacale faite de privation ; je lui avais toujours dit que l'alcool et le tabac conservaient. »

« Tiens, Bernard est mort ? Lui qui croyait m'enterrer, c'est fichu mon petit gars ! Je t'aurai survécu. »

Petite lecture rapide de la rubrique « naissance » où on annonce l'arrivée dans ce bas monde de la fille de votre petit-fils. Vous aviez déjà oublié cette naissance qui vous indifférait totalement, car depuis des années vous seriez bien incapable de dénombrer l'ensemble de la tribu dont vous êtes le patriarche. Une arrière-petite-fille en plus ou en moins, qu'est-ce que ça change, si ce n'est que la part du gâteau sera encore plus réduite à l'heure de la succession.

Bien que catholique romain, élevé dans les meilleures institutions confessionnelles issues de l'Ancien Régime, depuis quelques années vous boudiez l'Église. À quoi bon rendre grâce à Dieu et risquer de se rappeler à son bon souvenir. Ce n'est pas que la mort vous fasse peur, mais puisque tout va bien, vous n'êtes pas pressé d'aller le rejoindre.

Nous sommes en juillet, et vous êtes sur le départ pour un voyage d'agrément dans les Caraïbes avec vos anciens camarades de la division Leclerc. À vous les jolies Créoles et les punchs sous les cocotiers. Les valises sont préparées, mais il vous manque encore de la crème solaire. Ni une ni deux, direction la pharmacie. Vous dévalez comme un lapin les escaliers et vous voici devant la pharmacie prêt à passer le pas de la porte. Soudainement, une intense douleur dans le thorax vous surprend, vous vous adossez à un mur, puis un voile noir passe sur vos yeux et… plus rien. Vous venez de faire une jolie crise cardiaque, ça vous apprendra à courir comme un fou à votre âge !

Quelques heures plus tard, vous reprenez connaissance. Vous avez la désagréable impression de vous réveiller comme après une de ses cuites mémorables dont vous avez le secret. Où êtes-vous ? Dans une chambre d'hôpital. Vous ramassez vos souvenirs et reprenez le dessus pour vous apercevoir que vous êtes tout nu sous une curieuse chemisette, mais surtout que vous ressemblez à un terminal d'ordinateur. On vous a mis des tubes dans tous les trous. Vous vous sentez très bête dans cette situation inattendue. Une infirmière arrive dans la chambre et constate que vous avez repris conscience. « Alors le monsieur, il revient à lui ?

Il veut peut-être que je lui passe le bassin ou le pistolet ? » C'est qu'il a failli y passer, le monsieur ! Le monsieur en question, c'est vous. Et bien qu'encore flagada, vous trouvez qu'elle en a de bonnes, celle-là. Vous avez quatre-vingt-dix ans et depuis l'âge de trois ans, on ne vous a jamais parlé sur ce ton. Le médecin arrive à son tour, pour vous tripoter dans tous les sens et vous annoncer que vous avez fait une alerte cardiaque sévère. Vous vous en seriez douté, mais une question taraude votre esprit. Où êtes-vous ? Dans un hôpital ou une clinique ? C'est pour vous une question de vie ou de mort. Dans les cliniques privées, on vous maintient en vie le plus longtemps possible pour alléger au maximum votre portefeuille et en général les soins sont bâclés. On est pratiquement sûr d'y rester. Dans le public, c'est bien mieux. C'est pris en charge par la Sécurité sociale et, afin de libérer les lits le plus rapidement, on vous renvoie chez vous dès que c'est possible. As des statistiques, vous savez que le taux de mortalité chez vos amis est bien plus élevé dans le privé. Ouf ! ! Vous êtes bien dans des locaux de l'Assistance publique, vous voilà rassuré.

Nous sommes en été, et comme vous êtes un homme du monde, vous ne mourrez pas pendant les vacances de votre famille. On ne meurt jamais en juillet-août ni entre Noël et le 31 décembre, ça ennuie votre entourage et vous aussi, puisque vos funérailles risquent d'être boudées par vos amis qui se dorent la pilule en Bretagne.

Après quelques heures, on vous libère des tubes et autres fils qui vous retenaient au lit. Vous voilà de nouveau sur pied, comme si de rien n'était, mais l'Académie vous impose de rester quelques jours au repos pour des examens de routine. Il est 6 heures du soir lorsqu'on vient vous servir votre dîner. Pour vous qui ne vous mettiez à table qu'à 21 heures, c'est une première contrariété. Le repas n'est pas à la hauteur de vos envies en matière de gastronomie. C'est insipide et, surtout, il n'y a pas un bon petit bordeaux pour faire passer le goût fadasse de cette vulgaire tranche de jambon. Ayant été surpris en pleine rue par cette crise cardiaque, vous n'aviez pas pris vos précautions ni rien organisé. Il vous faut vos cigarettes. Coup de chance, il vous reste un paquet dans la poche de votre pantalon. Vous allumez cette merveilleuse cibiche, mollement étendu sur votre couche, en savourant la victoire que vous avez eue sur la mort. Soudainement, une infirmière surgit dans votre chambre pour vous rabrouer et vous arracher la cigarette du bec. « Monsieur, ici c'est un hôpital, on ne fume pas. » La garce ! Pire qu'un capo !

Vous n'allez pas vous laisser faire et vous appelez votre fille pour lui demander de venir d'urgence à l'hôpital pour vous livrer en cachette une cartouche et bien sûr deux ou trois bouteilles de whisky. Bien que les visites soient interdites après une certaine heure, elle réussit à amadouer les infirmières et vous confie le précieux colis. Vous fumerez en catimini dans la salle de bains.

Deux jours se sont passés, et vous êtes totalement remis sur pied. Retour vers chez vous, où vous attend une très mauvaise surprise. Pendant votre absence, vos enfants ont décidé d'installer chez vous, sans votre accord, une garde-malade. Elle est d'une laideur repoussante, mais ce qui vous inquiète le plus, c'est qu'elle risque de bouleverser vos habitudes. Pourquoi donc prendre une garde-malade alors que le médecin vous a trouvé en pleine forme ? Simplement parce que vous êtes beaucoup plus malade qu'on a bien voulu vous le dire. Votre cœur est foutu, et on ne va pas risquer une opération qui pourrait être un échec et creuser encore plus le déficit de la Sécu.

Les mois passent, et vous vous sentez de plus en plus las, le plus petit geste vous fatigue, mais ce qui vous surprend le plus, c'est l'assiduité de vos petits-enfants à vos côtés, alors qu'autrefois ils ne venaient jamais vous rendre la moindre visite. Noël se passe et pour la première fois de votre vie vous avez froid. Un début de grippe vous cloue au lit. On ne vous emmènera pas à la clinique, car les soins qui vous sont prodigués sont légers. C'est mieux, selon vos enfants, que le vieux casse sa pipe dans un décor qui lui est familier. C'est un principe que vous leur avez de longue date inculqué. Il vaut mieux mourir chez soi.

Vous ne souffrez pas, mais vous vous sentez de plus en plus abruti, comme après avoir bu une bouteille de mauvais cognac. La vie vous échappe. Le médecin de famille vient vous visiter et, à sa mine de carême, vous vous dites que la situation doit être plus grave que prévue, car après lui, c'est le curé qui se pointe. À sa vue vous vous ressaisissez, mais bien vite vous retombez dans un état cotonneux. Il vous confesse, ou plutôt vous extorque des aveux sur votre vie passée. Vous vous prenez au jeu, car même si vous étiez athée, ça ne coûte rien d'être en règle avec l'Au-delà. On ne sait jamais ! En plus, c'est un service gratuit que vous offre l'Église, pourquoi s'en priver…

Après avoir reçu les saintes huiles, vous sombrez dans un semi-coma et vous vous sentez bien. Votre respiration devient de plus en plus faible et, en ouvrant un œil de temps à autre, le visage de votre garde-malade vous apparaît bienveillant. Elle et vos enfants attendent votre mort, ils sont dans le salon en train de deviser sur votre sort. Et puis… et puis plus rien, vous êtes mort.

Vos enfants se précipitent sur votre carcasse et le médecin, qui était dans le coin, vient constater que c'est bien la fin. Pour vous, qui êtes certainement dans la Lumière, c'est surtout la fin des contingences matérielles et le début d'une nouvelle vie. Les emmerdements seront à la charge de votre progéniture. Après que le certificat de décès a été dûment signé par le médecin, votre fils aîné se rue à la mairie pour avertir la République qu'elle compte un contribuable en moins. De là où vous êtes, c'est-à-dire aux premières loges, vous êtes témoin d'un bien triste spectacle. Alors que votre carcasse est encore tiède, votre horrible belle-fille profite d'un moment d'inattention de votre famille pour aller fouiller dans le coffret à bijoux de votre femme. Discrètement, elle empoche son larcin. On parle déjà de votre succession et le ton monte entre vos rejetons qui commencent à réclamer, ici la commode Régence, là le cartel Louis XV du salon. Les rats !

Il n'y a que la garde-malade qui est toujours au petit soin pour vous. Elle se charge de la toilette funéraire et vous met en scène pour les visites. Vous êtes sur votre lit dans votre plus beau costume, les mains jointes sur un chapelet. Autour du lit, on place des chandelles et, en face, on installe un prie-Dieu. Votre famille est encore vieux jeu et aime les traditions. Remarquez que vous avez eu une chance folle de mourir chez vous, car à la moindre occasion, on aurait pu vous envoyer décéder à l'hôpital où vous auriez fini dans les frigos de la morgue. C'est plus pratique, mais lâche et sordide.

Si votre belle-fille est décidément une horreur – elle vient encore d'arracher votre alliance et votre chevalière –, mais vos enfants font preuve d'un sens pratique dont vous êtes fier.

Une délégation de vos ayants droit se rend aux Pompes funèbres pour organiser les festivités. Reçus par un jeune homme bien mis, genre *golden boy*, ils restent très fermes quant aux modalités de l'enterrement. Ils y vont à l'économie et ne se font pas avoir avec l'armada de gadgets qu'on leur propose.

Pour le trou, pas de problème, il reste quatre places dans le caveau de famille au Père-Lachaise. Pas de souci pour choisir une pierre tombale d'un goût douteux et d'un prix insupportable. Pour le cercueil, on n'hésite pas un instant pour prendre le modèle en sapin, sans capiton ni coussins qui ne servent à rien. Pourquoi dépenser des milliers de francs pour un emballage qui ne sera même pas vu à l'église, puisque recouvert d'un drap mauve !

Petit arrangement avec le curé de votre paroisse pour organiser une messe sobre. Il sera alors temps d'avertir la ville et le monde que vous avez échappé au fisc et aux agents de la BNP. Direction *Le Figaro* : on va aussi choisir l'option la moins chère. Il n'est pas question de donner la liste de tous vos enfants, petits-enfants et arrière-petits-enfants. On se contente d'annoncer votre disparition le tant, à tel âge, et on donne simplement la date de vos funérailles. Viendra qui voudra avec qui voudra ! Important : il n'y aura pas de fleurs, c'est du gâchis ! Si vos amis veulent se fendre d'un cadeau, ils feront dire des messes. C'est bien plus utile pour votre salut.

Le grand jour arrive, et on vous met en boîte pour vous conduire très discrètement dans un corbillard, on vous porte ensuite dans l'église où la messe sera dite pour vous tout seul. Le curé est formidable, il fait un sermon digne de Bossuet, dans lequel il insiste sur toutes vos qualités, en omettant aimablement les quelques défauts qui vous caractérisaient. À l'entendre, vous étiez un saint, c'est très aimable de sa part. Merci, mon père !

Opération « débarras de votre corps », direction « la décharge », le cimetière. Encore une petite prière pendant que les fossoyeurs descendent la boîte dans le trou. Puis viennent les condoléances qui sont un festival de banalités. On s'épanche auprès de vos enfants en sortant des phrases idiotes du genre « il va bien vous manquer », « toutes nos condoléances », ce qui ne veut rien dire. Le seul de vos amis qui ait un trait de génie à ce moment, est celui qui s'adresse à votre cadet en lui proposant d'aller se taper un bon gueuleton à la sortie du cimetière.

La mort des autres, ça creuse, et c'est toujours une excellente occasion de renouer en famille avec les honneurs de la table et les plaisirs de la vie.

Ite, missa est. Il est temps maintenant pour vos enfants de se consoler avec votre héritage, qui s'avérera bien maigre après que Marianne sera passé par là pour réclamer sa part du gâteau.

REMERCIEMENTS

À Patrice Richard dont le talent nous a permis de réaliser une superbe couverture.

À Marlène, du Bar-Bac, qui, avec une rare gentillesse, m'a servi pendant l'écriture de ce petit livre tous mes cafés et mes chopes de bière. Jamais secrétaire n'aura été plus attentionnée.

À la comtesse Maurice de Castries, qui a bien voulu saisir ce texte et le relire.

TABLE

Impression réalisée sur CAMERON par

BUSSIÈRE CAMEDAN IMPRIMERIES

GROUPE CPI

à Saint-Amand-Montrond (Cher)
pour le compte des Éditions du Rocher
en janvier 2002

Éditions du Rocher
28, rue Comte-Félix-Gastaldi
Monaco

Dépôt légal : janvier 2002. N° d'Impression : 020215/1.
N° d'Édition : CNE section commerce et industrie Monaco 19023

Imprimé en France